PORTUGISISCHH

Boas Festas!

MANDARIN

Kung His Hsin Nien!

SPANISCH

Feliz Navidad!

FRANZÖSISCHCH

Joyeux Noël!

Fröhliche Weihnachten!

ITALIENISCH

Buon Natale!

JAPANISCH

Shinnen omedeto!

RUMÄNISCH

Crăciun Fericit!

SLOWAKISCH

Veselé Vianoce!

TSCHECHISCH

Přejeme Vám Veselé Vánoce!

SLOWENISCH

Vesele božične praznike

Fröhliche Weihnachten

Desirée Treichl-Stürgkh
Johann Lafer

Brandstätter

Desirée Treichl-Stürgkh ist Österreichs Stil-Ikone: Sie organisiert seit 2008 den Wiener Opernball, eine traditionsreiche Veranstaltung, die sie sanft „entstaubt“ und mit viel Charme und Humor ins 21. Jahrhundert geführt hat. Die gebürtige Steirerin ist mit Erste-Group-Chef Andreas Treichl verheiratet. Mit den drei Kindern feiern sie Weihnachten am liebsten in ihrem Landhaus im Pinzgau.

Aus der Steiermark stammt ursprünglich auch **Johann Lafer**, der seit zwei Jahrzehnten zu den erfolgreichsten und beliebtesten Kochkünstlern im deutschsprachigen Raum zählt. Der „Fernsehkoch des Jahres 2006“ hat für dieses Buch seine besten Weihnachtsrezepte – von originellen Backideen bis hin zu festlichen Weihnachtsmenüs – beigesteuert.

Inhaltsverzeichnis

Meine Weihnachtserinnerungen

Den Advent meiner Kindertage habe ich immer in schöner Erinnerung. Alles war so friedlich. Ein Adventkalender mit vielen lustigen Dingen, ausgetüftelt, sodass es eine helle Freude war, jeden Tag ein Türchen zu öffnen. Dazu verlockende Düfte von Keksen und Tannenreisig.

Einen kleinen Haken hatte der Advent aber doch auch. Das waren die Strumpfhosen. Nicht nur, dass sie nie richtig passten. Das war gar nicht das Problem. Das Problem waren die Engelshaare, die mir zu schaffen machten. Ja, genau: Engelshaare. Meine Mutter hatte ein kleines Täuschungsmanöver vorbereitet: Sie verstreute auf unserer Kleidung Engelshaar. Und das nicht zu wenig, damit wir es auch wirklich nicht übersehen konnten. Und damit wir dachten, das Christkind sei zu Besuch gewesen. Dieses Engelshaar hatte die unangenehme Eigenschaft, dass es stach. Und zwar durch die Strumpfhose durch!

Der Zeitpunkt, da ich nicht mehr an das Christkind glaubte, kam recht spät in meinem Leben. Aber trotzdem wollte ich meiner Mami nicht verraten, dass ich längst wusste, dass sie das Christkind ist. Denn ich wollte sie nicht kränken. Daher verschwieg ich auch das Problem mit den Engelshaaren. Doch diese Haare juckten! Sie waren aus einem Kunststoff gefertigt, der sich in die Strumpfhosen einrieb und auch beim Waschen seine Kräfte nicht verlor. Also gingen meine Schwestern und ich den ganzen Advent über mit kratzigen Strumpfhosen umher. Und waren ständig am Reiben, die Hände tief in den Strumpfhosen vergraben. Ich weiß noch, wie die Köchin meiner Großmutter rief: *„Es gebührt sich für eine kleine Comtesse nicht, sich ständig so zu kratzen!“* Das war aber auch die einzig unangenehme Seite des Advents.

Geheimnisse lüften

Und noch etwas Unvergessliches gehört unbedingt zu Weihnachten: Meine drei Schwestern, meine Cousine und ich verwandelten uns jedes Jahr in kleine Daniel Düsentriebs. Unseren Erfindergeist testeten wir an der Tür des „Weihnachtszimmers“ meiner Mami. Sie hatte ein Kämmerchen zu ihrem Arbeitszimmer umfunktioniert, um dort ungestört als „Christkind“ zu werkeln. Kaufmannsläden und Puppenwägen setzte sie dort wieder in Gang, versah sie mit frischer Farbe und peppte sie mit kleinen Tapezierarbeiten auf. Anschließend fanden sie ihren Platz unter dem Christbaum. Diese Tür hatte ein Schlüsselloch, durch das man herrlich hineinsehen konnte, sofern der Schlüssel nicht drinnen steckte. Aber da gab es noch ein Hindernis für uns: das „Schnapperl“. Dies klappte herunter, wenn wir den Schlüssel entfernten – und das natürlich auf beiden Seiten. Mit Stricknadeln, Ästen und Teilen von Kleiderhaken versuchten wir, das „Schnapperl“ zur Seite zu bewegen, um zumindest einen kurzen Blick auf das Geschehen im Zimmer zu ergattern. Sooft wir es auch versuchten, es gelang uns nie. Doch allein die Vorstellung, dass hinter dieser Tür das „Christkind“ werkte, war für uns sehr aufregend.

Schreckgespenster und Hausmusik

In Erinnerung ist mir auch der 5. Dezember geblieben. Der Abend, an dem der Nikolaus zu uns kam. Niemand in meiner Familie – außer vielleicht mein Vater – freute sich so richtig auf den Nikolaus. Denn der kam in Begleitung von einer ganzen Schar von Krampussen. Diese hatten hässliche Fratzen, Pferdefüße, Ketten, Rasseln und waren wirklich zum Fürchten. Aus Angst vor ihnen versteckten wir uns entweder auf dem riesigen Sofa hinter meinen Eltern oder, und das war noch viel besser, weil sicherer, auf der Toilette. Da konnte es schon passieren, dass wir dort eine halbe Ewigkeit ausharren mussten – und vom Gerassel, Gejohle und Geläute, das uns in Angst und Schrecken versetzte, trotzdem nicht verschont blieben.
Außer diesen Schreckensgeräuschen erklangen bei uns zu Hause auch musikalische Töne. Mein kleiner Bruder übte auf der Blockflöte, meine älteste Schwester kratzte auf ihrer Geige und ich klimperte am Klavier. Die Unmusikalischen unter uns lernten Gedichte. Dafür gab es einen guten Grund: Meine Mutter verlangte von uns allen einen kleinen „Obolus“ für das herannahende Weihnachtsfest. Was jeder dazu beitrug, war ganz ihm überlassen.

Große Aufregung

Denke ich an den kindlichen Weihnachtsabend zurück, so fällt mir sofort das Klingeln der Glocke ein. Ich weiß noch, wie aufgeregt wir waren, als wir vor der verschlossenen Wohnzimmertüre standen, adrett angezogen und mucksmäuschenstill. Die Ohren gespitzt, damit wir ja nicht überhörten, wann es so weit war. Und dann ging endlich die Türe auf. Der erste Blick fiel sofort auf den Christbaum und seine vielen Kerzenlichter, Sprühkerzen und Süßigkeiten, die in Seidenpapier gewickelt zwischen den Kugeln baumelten. Der Baum kam mir so riesig vor. Am unteren Ende der Äste waren Knackwürste für die Hunde befestigt. Ich erinnere mich, dass die Hunde immer brav und artig warteten, bis meine Omama die Würste freigab. Mein Vater las aus dem Weihnachtsevangelium vor, dann waren wir an der Reihe und sangen und spielten das Einstudierte vor. Im Anschluss wünschten wir einander frohe Weihnachten. Dann endlich kam der große Augenblick: Wir durften uns auf die Geschenke stürzen, die wir schon während des Vortragens aus den Augenwinkeln betrachtet hatten. Und anhand der Verpackung und Größe abzuschätzen versuchten, ob unsere Wünsche wohl in Erfüllung gegangen waren.

Es war ein stimmungsvolles Fest, das mir immer in Erinnerung blieb und mich tröstete in den Jahren danach, die nicht so fein waren. Genau dieses schöne und emotionale Fest will ich an meine Kinder weitergeben. Als Erinnerung fürs Leben.

Frohe Weihnachten!

Alfred
Pauli

Geliebtes Fest

Wir lieben Weihnachten. So viel steht fest. Studien erklären uns auch, warum: „Wir" empfinden Weihnachten als besinnliche Zeit. „Wir" genießen es, auf Christkindlmärkte zu gehen. „Wir" lieben die Geschenke unter dem Christbaum, verschneite Landschaften, den erleuchteten Christbaum, den Gang zur Mitternachtsmette. Und sogar das Weihnachtsshopping finden „wir" gar nicht so stressig, wie es überall heißt. Doch am meisten ist es die Sehnsucht nach einem Rückzug ins Private, die in diesen Tagen groß wird. Zu Weihnachten wollen wir zusammenrücken, kuscheln, die Verwandten um uns haben, Freunden und lieben Menschen nahe sein. Und genau darum geht es uns bei diesem Fest. Zu zeigen, wen wir lieben. Und zu spüren, dass wir geliebt werden. Weihnachten ist ein Fest der Liebe. Wie immer man das auch an diesem Tag zeigen mag. Mit großen oder kleinen Gesten.

Und noch eine Erscheinung stellt sich zu Weihnachten ein: Vor dem Christbaum sind alle gleich. Egal, was wir über Weihnachten denken, ob wir es lieben oder verfluchen, kaum steht der grüne Baum mitten im Wohnzimmer, festlich beleuchtet und mit großem Aufwand und viel Liebe geschmückt, vergessen wir all den Stress, den Zwist, die Anstrengung. Plötzlich werden unsere Augen wieder groß, die Neugierde erwacht und mit ihr eine Freude, die von Kindheitserinnerungen getragen wird. Die Gedanken haben Ruhepause und werden nicht daran vergeudet, ob der Braten schon durch oder das Geschenk das richtige ist. Auf einmal geht es uns um Versöhnung, Frieden, Verbrüderung. Wir haben längst vergessen, warum wir diese Tante nicht riechen können oder mit diesem Bruder im Streit liegen. Wir stehen vor dem Baum und es ist, als ob er uns all das abnimmt, was uns sonst beschäftigt. Wir nehmen uns an der Hand und singen. Mehr braucht es jetzt nicht. Denn jetzt ist es Zeit, um uns zu begegnen. Etwas, was wir vielleicht schon länger nicht getan haben.

Licht, Wärme und Zeit – das sind meine liebsten Zutaten für den Beginn der Weihnachtszeit. Die Füße in dicke Strümpfe stecken, den Kamin anheizen und dem Knistern des Feuers lauschen. Sich in ein Buch vertiefen, das man schon lange nicht in Händen gehalten hat. Und auf den Duft warten, der langsam von der Küche Vorfreude auf Bratäpfel und Vanillekipferl weckt .

Die Dezember-Rallye

Auf die Plätze, fertig los
... und nicht aufs Durchschnaufen vergessen!

1. DEZEMBER

Schokoladestücke aus dem ersten Fenster des Adventkalenders naschen. Türkranz befestigen.

2.–4. DEZEMBER

Lebkuchen backen – sonst wird er bis Weihnachten nicht mehr weich. (Braucht mindestens drei Wochen.) Spätestens jetzt: Weihnachtskarten schreiben.

3. DEZEMBER

Mistelzweig über der Türe anbringen und den ersten küssen, der darunter steht.

4. DEZEMBER

Barbarazweige in warmes Wasser stellen, denn heute ist das Fest der heiligen Barbara. Den iPod mit weihnachtlichen Songs laden.

5. DEZEMBER

Die unartigen Menschen sollten sich an diesem Tag lieber verstecken. Denn Krampus und Knecht Ruprecht sind unterwegs. Und die kennen kein Pardon.

6. DEZEMBER

Fest des heiligen Nikolaus. Braven Kindern bringt Nikolaus Süßigkeiten und Nüsse.

7. DEZEMBER

Gute Schuhe anziehen, denn heute wird Schlange gestanden: Weihnachtskarten werden auf dem Postamt aufgegeben.

8. DEZEMBER

Mariä Empfängnis, ein katholischer Feiertag, daher schul- und arbeitsfrei. Ein Besuch des Christkindlmarkt ist angesagt.

9. DEZEMBER

Mandarinen aus dem Nikolaussäckchen müssen gegessen werden. Aus den Schokonikoläusen ein Fondue machen!

10. DEZEMBER

Einkaufsliste für den Heiligen Abend schreiben und dabei Michael Bublé hören.

11. DEZEMBER

Truthahn bestellen. Unterwegs heiße Maronen kaufen und sofort aufessen.

12. DEZEMBER HALBZEIT

Geschenkpapier besorgen und Pakete ins Ausland verschicken. Und einen großen Topf Hühnersuppe kochen. Die stärkt und verjagt etwaige Schwächeanfälle schon im Vorfeld.

13. DEZEMBER

st der Heiligen Lucia (Schweden): ·fest. Viele Kerzen anzünden. Die nit der Weihnachtsdekoration aus eller holen.

14. DEZEMBER

Johann Lafers Chilikipferl backen.

15. DEZEMBER

Beautycheck: Friseur, Maniküre.

16. DEZEMBER

Christbaum aussuchen. Danach einen Christbaum für die Vögel basteln: Äste mit geschälten Äpfeln dekorieren und Vogelfutter rundherum streuen.

17. DEZEMBER

te-Geschenke besorgen. Ich er welche in Reserve … man ver unerwartet hereinschneit.

18. DEZEMBER

Essbaren Weihnachtsschmuck basteln: Windringe, Schokolade in Seidenpapier wickeln, Lebkuchen …

19. DEZEMBER

Mit Freundinnen Glühwein trinken und Geschenksäckchen austauschen.

20. DEZEMBER

ıerst ausschlafen wegen Katerstimmung, ınn aber rasch in den Supermarkt …

21. DEZEMBER

Winteranfang. Längste Nacht und kürzester Tag. Wintersonnwende oder Thomastag, nach dem Heiligen Thomas benannt. Eignet sich bestens zum Bratäpfelessen und Geschichtenvorlesen.

22. DEZEMBER

Der Wahnsinn beginnt: Schulaufführung, Weihnachtsfeier im Büro …

23. DEZEMBER

Kinder von der Schule abholen, aufs Land verduften, Getränke kaltstellen und vorkochen. Baum aufstellen, damit er sich entfalten kann. Weihnachtspunsch zur Beruhigung.

24. Dezember

Baum schmücken, kochen, Verwandte anrufen, heißes Bad nehmen, ein Glas Champagner trinken, feiern!! Und wer Lust hat, besucht die Christmette. Danach tanzen und weiterfeiern!

Advent, Advent …

Die Adventzeit – eine der schönsten Zeiten im Jahr – beginnt. Nur noch 24 Tage bis Weihnachten, der Countdown läuft. Die Vorfreude wächst. Und genau darum geht es: ums Einstimmen. In der Natur steht das Wiederaufsteigen des Lichtes ab der Wintersonnenwende bevor. Und in den Familien wird das große Fest vorbereitet. Der Wunsch nach Besinnlichkeit ist da, die Sehnsucht nach Einkehr. Doch dies alles ohne Hektik zu bewerkstelligen, ist oft gar nicht so leicht. Gäste kündigen sich an, Christkindlmärkte und Punschstände will man besuchen, Kekse backen, Geschenke besorgen, den Christbaum aussuchen … man kennt das. Viel Freude liegt in diesen Vorbereitungen. Nicht immer sind Ruhe und Stille ein Teil davon.

Der erste Advent ist schon etwas Besonderes. Er öffnet das Tor zur Vorweihnachtszeit. Kränze werden aufgehängt oder aufgestellt, es duftet nach Tannenzweigen, die Räume werden geschmückt, Adventkalender kommen zum Vorschein und erinnern uns an die eigene Kindheit. Wie schön die Aufregung war. Das Schreiben des Wunschzettels. Ihn dann am Abend ins Fenster zu legen und gleich am nächsten Morgen nachzuschauen, ob er auch wirklich abgeholt wurde. Und die darauffolgende Erleichterung. Eine Zeit des Glaubens und des Schenkens. Und des Wartens auf den einen großen Tag. Wie schön.

Der Adventkranz als Vorbote

Das Anzünden der Kerzen des Adventkranzes, jede Woche eine mehr, hat etwas Feierliches. Und bringt uns eine kleine Ruhepause, ein kurzes Ausrasten und Aufatmen. Zurücklehnen und an das Jahr denken, das man gerade vollendet hat. Was es einem geschenkt hat, was man erlebt und wie man sich verändert hat. Wie schön, dies bei Kerzenlicht zu betrachten.
Den Adventkranz mit Kerzen, Kugeln, Bändern und allem, was einem gefällt, zu schmücken, ist schon die erste Belohnung. Der Duft des Tannengrüns bringt sofort Weihnachtsstimmung in die eigenen vier Wände. Und ist ein Vorbote des Festtags. Den Kranz nicht fix und fertig vom Gärtner zu holen, sondern ihn selbst zu binden oder mit Weihnachtsschmuck zu versehen, ist eine ganz besondere Freude.

Für manche von uns ist der Adventkranz schöner Zimmerschmuck und nicht mehr. Dabei hat der grüne Kranz eine tiefere Bedeutung: Das Grün der Tanne oder der Kiefer steht für Hoffnung. Die vier Kerzen für das Licht, das nach biblischer Überlieferung in der Finsternis leuchtet und Trost und Hoffnung vermittelt. Immergrünes in der Wohnung gab es allerdings schon vor 600 Jahren. Zweige von Wacholder, Misteln und Tannen symbolisierten ungebrochene Lebenskraft, Haus und Hof sollten vor Schaden bewahrt bleiben. Und auch die Kerzen haben ihre Geschichte: Im 14. Jahrhundert galten sie als Zeichen der Hoffnung auf eine neue, hellere Zeit.

Und so ist der Kranz entstanden:
Der Theologe Johann Hinrich Wichern nahm sich einiger Kinder an, die er in einem Bauernhaus in Hamburg großzog. Da ihn die Kinder während der Adventzeit immer wieder fragten, wie lange es denn noch bis Weihnachten sei, baute er 1839 einen Holzkranz mit 19 kleinen roten und 4 großen weißen Kerzen. Täglich wurde eine der kleinen und sonntags eine der großen Kerzen angezündet.

Lichtfest
Adventbräuche haben sich in vielen Ländern entwickelt. In Schweden beispielsweise wird am 13. Dezember das Santa-Lucia-Fest gefeiert. Es ist das Lichtfest, da zur Entstehungszeit des Festes ab diesem Tag die Tage wieder länger wurden. Die älteste Tochter des Hauses trägt bei der Prozession ein weißes Gewand mit einem roten Taillenband und eine weiße Kerze auf dem Kopf.

Zauberkraft

In der Adventszeit wird auch häufig ein Mistelzweig über einem Türrahmen aufgehängt. Dieser soll böse Geister vertreiben. Und Paaren, die sich unter ihm küssen, Fruchtbarkeit verleihen. Das Besondere an der Mistel ist, dass sie im Winter blüht, deshalb glaubten schon die Kelten an ihre Zauberkräfte.

merry

Das Prinzip der Vorfreude

Zu Weihnachten tun wir etwas, was wir sonst schon fast verlernt haben: Wir zelebrieren Vorfreude. Warum? Weil man sich ganze 24 Tage Zeit lassen kann, bis man seine Geschenke öffnen darf. Weil man sich Tag für Tag dem großen Ereignis nähert. Weil man 24 Tage lang in freudiger Erwartung verharrt. Wann macht man das schon? Das Zelebrieren der Vorfreude ist untergegangen. Man sieht etwas und kauft es. Fertig. Da ist nichts mehr mit warten. Und erwarten können.

Weihnachten ist eine der letzten Bastionen der Vorfreude. Und der Adventkalender ein bestimmendes Element. Jeden Tag nur ein Türchen öffnen und einen Minivorrat an Schokolade genießen – das schaffen wir nur in dieser Zeit. Wie schön, eigentlich!

Der Adventkalender

Der Adventkalender hat eine lange Tradition und viele Erscheinungsformen. Aber wie immer er auch aussieht oder gestaltet ist, er ist ein unentbehrlicher Zeitmesser für die letzten 24 Tage vor dem Fest. Das macht ihn wahrscheinlich zum beliebtesten Kalender überhaupt. Und zwar nicht nur für die Kleinen. Ob Groß oder Klein: Alle stürzen sich auf ihn.

Meine Buben bekommen von mir, und das schon seit Jahren, täglich eine Kleinigkeit in einem eigens für sie gefertigten Adventkalender, der aus 24 Stoffsäckchen besteht und mit ihrem Namen versehen ist. Damit es zu keinen „Eifersuchtsszenen“ kommt, müssen all die kleinen Geschenke einen ähnlichen Wert haben. Denn es wäre schade, wenn sie deswegen streiten. Sonst hat man bald Jingle Hell statt Jingle Bell zu Hause!

Ein paar Ideen für die „Füllung“:

- Kinokarte
- Radiergummi
- Los einer Lotterie
- Minipackungen aus dem Drogeriemarkt: kleines Duschgel,...
- Komische Dinge: ein Schnurrbart, Furzkissen ...
- Handschuhwärmer
- Boxershorts
- Und natürlich Süßigkeiten

Schnell hinaus ins Schneegestöber, durch den tiefen Schnee stapfen und ein paar Zweige für den Adventkranz holen. Heuer wird er mal wieder selbst gebunden. Die Zeit dafür muss man sich freischaufeln. Genauso wie den Schnee, der sich vor der Tür türmt, seine Muster in die Landschaft zeichnet, sich auf Mauervorsprünge, Fenster und Türklinken setzt und sie verzaubert.

10 gute Gründe …

… weil am 5. Dezember der Krampus und am 6. Dezember der Nikolaus kommt.

... weil Vanillekipferl eine Erfindung der Österreicher sind. Die Form kommt noch aus der Zeit der Türkenbelagerung. Marie Antoinette hat sie nach Frankreich gebracht, von dort ging der Siegeszug der Sichelhalbmondform „Kipferl" durch die ganze Welt.

… weil auf dem Weihnachtsmarkt der Glühwein so köstlich schmeckt. Meine drei liebsten Märkte:
Altwiener Christkindlmarkt vor der Freyung, Wien;
Weihnachtsmarkt vor dem Schloss Schönbrunn, Wien;
Hellbrunner Adventzauber, Schloss Hellbrunn, Salzburg

… weil der Wunschzettel vom Christkind persönlich abgeholt wird.

… weil das Christkind schon am 24. abends hereingeschneit kommt, stilvoll gekleidet ist und sich weder durch einen Kamin zwängen, noch sich am nächsten Tag in einem Socken verstecken muss.

… weil echte Kerzen am Baum erst wirklich Stimmung machen.

… weil „Stille Nacht, heilige Nacht" von dem Österreicher Franz Xaver Gruber komponiert wurde.

… weil wir einen Christbaum haben und keinen Weihnachtsbaum.

… weil wir ein Christkindl-Postamt besitzen: PLZ A–4711. Und weil das Sonderpostamt im kleinen Ort Christkindl in Oberösterreich seit nunmehr 60 Jahren ein ganz besonderer Ort ist, um seine Weihnachtspost mit Weihnachtsbriefmarken und dem Christkindl-Sonderstempel auf die Reise zu schicken.

… weil „Last Christmas" täglich mehrmals aus dem Radio strömt.

… warum die Vorweihnachtszeit in Österreich so schön ist

10 gute Gründe …

… weil der weltberühmte Lebkuchen aus Nürnberg kommt. Ursprünglich wurde er in Apotheken verkauft. Das Wort „leb“ stammt aus dem Althochdeutschen und bedeutet „Heil- und Arzneimittel“.

… weil das schönste Weihnachtsoratorium von Johann Sebastian Bach komponiert wurde. Uraufgeführt 1734 in Leipzig.

… weil ohne Lübecker Marzipan allen Schleckermäulchen etwas fehlen würde.

… weil der Adventkalender, so, wie wir in kennen, erstmals 1903 in München von Gerhard Lang gedruckt wurde.

… weil der Nussknacker – neben dem Weihnachtsmann das wichtigste männliche Wesen um Weihnachten – aus Bayern stammt. Er wurde dort schon im 17. und 18. Jahrhundert als Spielzeug produziert.

… weil die größte Auswahl an Weihnachtsbock und Weihnachtsbier in Deutschland ausgeschenkt wird.

… weil die Erzgebirgische Weihnacht eine spezielle Handwerkskunst für das Weihnachtsfest hervorbringt. Im 17. Jahrhundert wandten sich Schnitzer und Drechsler diesem Handwerk zu, und daraus entwickelte sich in Sachsen, Thüringen und im Erzgebirge diese einzigartige Holzschnitzkunst. Die bekanntesten Holzschnitzereien sind die Lichterpyramiden. Diese bestehen aus einem Turm mit mehreren Stockwerken, an denen Kerzen angebracht sind. Durch die aufsteigende Wärme der Kerzen beginnen sich die Pyramiden zu drehen. Weltbekannt sind auch die Räuchermännchen und Nussknacker.

… weil es die schönste Alternative ist, um den ewig langen Karneval zu unterbrechen.

… weil eine Bratwurst und eine Feuerzangenbowle nirgends so gut schmecken wie auf dem Weihnachtsmarkt.

… weil auch Weihnachtsmuffel zu ausgiebigen Feiertagen kommen.

… warum die Vorweihnachtszeit in Deutschland so schön ist

Schlichte Fichte

CHRISTINE NÖSTLINGER

Die Einstellung der Menschen zum Christbaum ist keine einheitliche. Abgesehen von denen, die gar keinen Christbaum mögen, divergieren auch die Ansichten der zum Christbaum positiv eingestellten Leute ganz gewaltig. Meistens stammt die Idealvorstellung „Christbaum" aus Kindertagen. Entweder will man so einen, wie man ihn als Kind hatte, weil man mit ihm zufrieden war, oder man hat seine Kinderchristbäume als „Feindbild" und will einen ganz anderen.

Schwierig wird es, wenn zwei Leute mit verschiedenen Christbaumidealen zu einem Kompromiss kommen müssen. Er sagt: „Fichte schlicht! Nicht höher als einen Meter!" Sie sagt: „Silbertanne doppelt, bis zur Zimmerdecke!" Er sagt: „Weiße Kerzen, Engelshaar und sonst nichts!" Sie sagt: „Ketten, Lametta, Sternspucker, Glaskugeln, Zuckerln und überhaupt alles, was man aufhängen kann!" Da Weihnachten Männer milde stimmt und Frauen von Natur hartnäckiger sind, ist anzunehmen, dass Sie ihren Willen durchsetzt und eine große Silbertanne erstanden wird. Auch ist anzunehmen, dass der

Heimweg friedlich verläuft, weil Er zu Weihnachten ohne Murren im nahen Supermarkt eine billige Dachgalerie ersteht, um das grüne Monstrum verkehrssicher nach Hause zu transportieren, wobei Sie ihn tröstet: „Eine Dachgalerie kann man immer brauchen!“

Aber zu Hause, das weiß ich aus Erfahrung, wird es schlimm. Im Freien nämlich wirken Bäume viel kleiner als im Wohnzimmer, man kann sich da leicht verschätzen. Und Sie hat jetzt wirklich keine Zeit, dem Baum die unteren neunzig Zentimeter abzusägen. Und wie ein dicker Stamm in ein kleines Kreuz zu zwängen ist, ist ja nun wirklich Männersache!

Letztlich könnte es aber sein, dass Er und Sie doch noch zu einem artigen Kompromiss kommen, weil Sie vergessen hat, wo sie nach dem sommerlichen Großreinemachen die Schachteln mit dem Christbaumschmuck hingetan hat. Also sitzen dann Er und Sie des Abends vor dem schönen, grünen Kompromiss. Der Baum ist so groß, wie Sie wollte, und so „kahl“, wie Er wünschte, und Er und Sie können wieder lieb zueinander sein.

Die hohe Zeit der Dekoration

Endlich ist es so weit: Weihnachtskugeln, Engelsfiguren, Glitzersterne ... all die Dinge, die man seit elf Monaten in Kartons aufbewahrt, dürfen wieder ans Tageslicht. Werden in Fenster gestellt, auf Zweige gehängt, in Schalen dekoriert. Das Instantrezept für helle Freude heißt hier: Erleuchtung. Und dafür muss man nicht einmal meditieren. Sondern einfach zu Lichter-ketten, Kerzen und Windlichtern greifen und sie im Haus und im Garten verteilen, bis alles funkelt. Oberstes Gebot: nicht kleckern, sondern klotzen.

Blickfang

Bei Kränzen heißt es umdenken, denn sie müssen längst nicht nur aus Tannenreisig bestehen. Ein Kranz aus goldenen Kugeln macht sich auf der Türe prächtig. Sie können auch einen „süßen" Kranz aus Schokolade-Christbaumanhängern basteln. Das bunte, glänzende Papier sieht nicht nur gut aus, auch dessen Inhalt wird am 24. oder 25. Dezember gerne vernascht werden. Einmal habe ich auch einen Kranz gesehen, der aus kleinen Stofftieren zusammengestellt war. Eines gilt immer: Lassen Sie Ihrer Fantasie freien Lauf. Ein Kranz, ob an der Türe oder am Fensterkreuz, ist nicht nur dekorativ, er hält auch, nach heidnischer Übertragung, alle bösen Geister fern.

Glanzlichter

Kaufen Sie reichlich Lichterketten und drapieren Sie diese in allen Räumen Wohnung. Wer kein offenes Kaminfeuer hat, kann so die Wohnung in ein Lichtermeer verwandeln.

Augenweide

Fenster mit goldenen Kugeln oder Crackern rundherum dekoriert, sehen einladend aus und werden so zu einem stimmigen Blickfang.

Stoffwechsel

Investieren Sie in neue Polster, Tischsets und Tischläufer. Gerade in der Weihnachtszeit gibt es neben den klassischen Mustern auch viele andere Motive. Ihr Esstisch und Ihr Sofa erstrahlen in neuem Look.

Sterntaler

Sterne! Überall Sterne! Ob an Fenstern, Türen, Regalen, Spiegeln … Schneiden Sie aus goldenem Papier große Sterne aus. Sie werden sehen, wie warm und einladend Ihre Wohnung plötzlich erstrahlt.

Glanzlichter

Kaufen Sie reichlich Lichterketten und drapieren Sie diese in allen Räumen Wohnung. Wer kein offenes Kaminfeuer hat, kann so die Wohnung in ein Lichtermeer verwandeln.

Duftwolke

Ich liebe Duftkerzen. Gerade zu Weihnachten gibt es viele „Spezial-Editionen" mit wunderbaren Aromen. Hier eine kleine Auswahl meiner liebsten Düfte: „Noel" von Crabtree & Evelyn, „Holiday Collection" von Ralph Lauren, „Roasted Chestnut" von Jo Malone.

Weihnachtspost

Die Weihnachtskarten von Bekannten und Freunden befestige ich an einem Türrahmen. Das sieht nicht nur dekorativ aus, es macht mir auch große Freude, Kinderfotos und persönliche Wünsche immer wieder beim Vorbeigehen anzusehen und zu lesen.

Blütenmeer

Amaryllis in Töpfe gesetzt und nebeneinander aufgereiht ergeben ein schönes Mittelstück für den Esstisch. Es ist großartig zu beobachten, wie sie von Tag zu Tag mehr aufblühen.

Tafelfreude

Weihnachten ist die richtige Zeit, um altes Porzellan oder Silberbesteck auszupacken. Decken Sie alles auf, was Sie an schönen Erbstücken im Schrank haben. Wann sonst, wenn nicht zu Weihnachten?

Zweigstelle

Es muss nicht immer Reisig sein: Hängen Sie einen kargen Ast (ohne Nadeln!) an eine Türe oder Wand und befestigen Sie daran Ihre originellsten Weihnachtskugeln. So müssen Sie mit dem Dekorieren nicht bis zum 24. Dezember warten.

Glücksbringer

Wussten Sie, dass wir am 4. Dezember der Heiligen Barbara gedenken? Sie lebte im 3. Jahrhundert in Nikomedia (heute Izmit) in Kleinasien und wurde für ihren Glauben hingerichtet. Während der Gefangenschaft soll sie einen Kirschbaumzweig mit Wasser benetzt haben. Der erblühende Zweig soll ihr in ihren letzten Tagen Trost gespendet haben.

Ein Brauch, den ich gerne pflege: Am 4. Dezember einen Kirschbaumzweig in warmes Wasser stellen. Blüht der Zweig am Heiligen Abend, bedeutet das Glück für die Zukunft.

Blütezeit

Blumen haben in der Weihnachtszeit eine besondere Wirkung: Sie trotzen Wind und Wetter, bringen Stimmung in jedes Zuhause und hellen die Gemüter auf, wenn es draußen zu früh dunkel und noch dazu viel zu kalt wird. Sie sind kleine Lichtblicke, wo immer man ihnen im Haus begegnet. Und machen einfach Freude. Jede einzelne Blüte ist ein kleiner Hoffnungsschimmer auf eine Zeit mit mehr Licht, Sonnenstunden und Lebensgeistern.

Meine top Ten

AMARYLLIS: Im Topf oder als Schnittblume, am liebsten in Weiß, ist für mich eine Augenweide.

WEIHNACHTSSTERN: Besonders schön finde ich die roten Bäumchen. Davon kann ich nicht genug haben.

SCHNEEROSEN: Ich pflanze sie mit Moos in runde Schüsseln oder Töpfe. So blühen sie die ganze Weihnachtszeit über.

ORCHIDEEN: In Kombination mit Holz kommen sie besonders gut zur Geltung. Stilvoll sehen sie auch aus, wenn man sie in Übertöpfe packt, die man vorher mit Tannenzweigen ummantelt hat.

MISTELZWEIGE: Immer noch ein netter Brauch ist, sich unter einem Mistelzweig zu küssen. Schön sehen sie auch aus, wenn man sie in großen Schalen drapiert.

TANNENREISIG: Eignet sich herrlich für die Kaminummantelung oder über Türrahmen.

ROSEN: Finde ich immer schön. Zur Weihnachtszeit drapiere ich sie meist in Kugelvasen.

EFEUBLÄTTER: Sehen besonders mit einem bunten Allerlei aus Weihnachtskugeln gut aus.

STECHPALME: Die Blätter mit ihren roten Beeren sind unverwüstlich und eignen sich daher bestens als Tür- oder Fensterkranz.

BARBARAZWEIGE: Meine liebsten sind Kirschenzweige! Können auch Apfel-, Forsythien-, Haselnuss- oder Holunderzweige sein.

Weihnachten lässt grüßen

Jedes Jahr das gleiche Spiel: Ich stelle die Frage in die Familienrunde: Welches Foto soll auf unsere Weihnachtskarte? Und immer kommt die gleiche Antwort: „Such du eines aus.“ Aber kaum kommen dann die fertigen Karten aus der Druckerei, beginnen meine Buben zu meckern. „Warum hast du das genommen, da sehe ich bescheuert aus.“

Dann wird tagelang geschrieben, persönliche Notizen draufgekritzelt, Adressen korrigiert, Kuverts beschriftet und mein Mann des nächtens dazu verdonnert, auch etwas zu schreiben.

Das ist dann die Zeit, in der ich von mir geliebte CDs abspiele. Und während ich schreibe, ganz intensiv an den Menschen denke, an den die Weihnachtskarte gerichtet ist. Auch wenn ich manchmal ganz melancholisch dabei werde – ich habe immer eine große Freude daran.

Does

- Wer das ganze Jahr über viel per E-Mail kommuniziert, der kann auch seine Weihnachtsgrüße so versenden.
- Handgeschriebene Zeilen mit persönlichen Notizen finde ich immer am schönsten, denn …
  ... man denkt intensiv an jemanden
  ... man frischt eine Freundschaft auf
  ... man ruft sich in Erinnerung
  ... man zeigt, dass der Empfänger wichtig ist
- Besonders schön finde ich, wenn Weihnachtsgrüße persönlich überbracht werden. Kurze Besuche bei Menschen, die einem wichtig sind, hinterlassen nicht nur bei den Besuchten ein schönes Gefühl.
- Achtung bei Freunden im Ausland – Karten rechtzeitig abschicken.
- Freude schenken und dabei etwas Gutes tun: Weihnachtskarten von sozialen Hilfsdiensten kaufen.
- Um Weihnachten gibt es immer sehr schöne Sonderbriefmarken. Ich liebe es, meine Kuverts damit zu bekleben.

Don'ts

- Nicht bereits im Oktober Weihnachten wünschen, nur weil schon der Schokoladen-Weihnachtsmann aus dem Supermarktregal lacht.
- Keine Massen-SMS verschicken. Wenn es schon ein SMS sein muss, dann zumindest mit persönlicher Anrede.
- Keine Weihnachtswünsche nach dem zweiten Weihnachtsfeiertag!
- Karten ohne Unterschrift – das geht gar nicht.
- Vermeiden Sie einen monotonen Wortlaut: „Fröhliche Weihnachten und ein schönes neues Jahr“ und sonst nichts. Das wirkt sehr unpersönlich und spricht nicht gerade für Originalität.
- Grässlich finde ich gescannte Unterschriften auf Karten. Da ist es besser, man verzichtet auf sie.
- Wenn Sie keine Fingerabdrücke auf Ihren Karten hinterlassen wollen, dann schieben Sie die Keksdose außer Reichweite.

Geschenke aus der Küche

Eines der schönsten Geschenke ist etwas, das man selbst gemacht hat. Und das man dann mit Genuss auch noch vernaschen kann: Geschenke aus der Küche. Ein Kuchen im Weckglas, ein Likör in einer hübschen Glasflasche oder eine selbstgemachte Gewürzmischung. Außer dass es gut mundet, kann man sich über die Zeit und Muße freuen, die derjenige, der es fabriziert hat, hineingesteckt hat.

Geschenke zum Vernaschen kommen besonders gut an, wenn man sie auch noch hübsch verpackt und mit kleinen persönlichen Kärtchen und dem Namen des Beschenkten versieht. Sammeln Sie schöne Gläser, stilvolle Flaschen, feine Papiersäckchen und hübsche Kartons. Mit Bändern und Schleifen verpackt und mit Etiketten versehen, wird daraus ein liebevolles Geschenk. Und wenn man nach dem Rezept gefragt wird oder gar das leere Einmachglas zurückbekommt, kann man sich sicher sein, dass es geschmeckt hat!

Noch ein Tipp:
Wenn man dabei ist, etwas so Gutes zu fabrizieren, kann man auch immer eine Portion für sich zurückbehalten.

Ideenbringer

Was sich besonders gut eignet: Jede Art von Marmeladen, Chutneys, Liköre, Essige, Öle, Gewürzmischungen und Kekse. Es darf ruhig einmal eine ungewöhnliche Kombination sein. Wie zum Beispiel ein Vanille-Chili-Öl, ein Passionsfrucht-Essig oder ein Feigen-Chutney. Oder man macht das, worin man am meisten Übung hat, und das einfach fabulös schmeckt.

Alphabet aus Mürbteig

fertigen, in ein Zellophansäckchen stecken, Schleife herumbinden und mit dem Anfangsbuchstaben des Beschenkten versehen.

Bratapfel-Marmelade

Einfach Bratäpfel mit Zimt und Walnüssen im Backofen machen und dann die Äpfel mit Einmachzucker wie jede andere Marmelade zubereiten. Schmeckt nach Weihnachten!

Nussmischungen

sind ganz leicht herzustellen. Sie schmecken auf mit Olivenöl getränktem Baguette, auf Salat oder auch einfach so zum Naschen. Also immer.

Lebkuchen mit Lack-Oblaten

erinnern uns an die Kindheit – und sind eine wunderschöne nostalgische Verzierung für selbstgebackene Lebkuchen. Lack-Oblaten mit weihnachtlichen Motiven gibt es im Schreibwarenhandel.

Frohe

Preiselbeerschnaps

1 Tasse Preiselbeeren (frisch!)
1 Tasse brauner Kristallzucker
feinster Schnaps (Ich nehme dazu Vogelbeer.)

Eine Flasche wird zu ca. einem Drittel mit Preiselbeeren gefüllt. Darauf ca. ein weiteres Drittel braunen Zucker schütten. Die Mischung wird mit Schnaps aufgegossen. Gut schütteln. An einem dunklen Platz aufbewahren und alle paar Tage gut durchschütteln. Um den richtigen Geschmack zu erreichen, mindestens ein halbes Jahr stehen lassen.

Quittenkäse

1 kg Quitten
¾ kg Zucker

Die Quitten in Stücke schneiden und entkernen. Mit wenig Wasser weich kochen und durch die „Flotte Lotte" (Passiermühle) drehen. Zucker dazu, den Brei langsam weiterkochen, immer wieder umrühren, bis er so dick ist, dass er in schweren Flocken vom Löffel fällt. Ein Blech mit Backpapier auslegen und die Masse 1–2 cm dick aufstreichen. Entweder einige Tage an einem luftigen, warmen Ort trocknen und immer wieder wenden, am besten mit einem neuen Backpapier. Oder in einem Backofen bei 75 °C (Umluft) 7–8 Stunden trocknen lassen. Dabei nach 6 Stunden umdrehen. Noch mindestens 4 Stunden im ausgeschalteten Ofen abkühlen lassen.
In kleine Würfel schneiden und in Kristallzucker wenden.

Feuerzangenbowle

Zutaten für 10 Personen:
3 unbehandelte Orangen
2 unbehandelte Zitronen
2 Stück Sternanis
4–6 Gewürznelken
1 Zimtstange
3 Flaschen guter Rotwein
30–40 cl Rum
1 Zuckerhut
1 Feuer- bzw. Zuckerzange

Orangen und Zitronen auspressen, gemeinsam mit den Gewürzen zum Rotwein geben, erwärmen, aber nicht kochen. Wein in Bowlegefäß füllen und auf die Wärmeplatte stellen. Zuckerhut mittels Feuerzange über dem Gefäß installieren, mit Rum tränken, anzünden, langsam in die Bowle träufeln lassen, bis nichts mehr davon übrig ist. Prost!

Etiketten zum Kopieren

Persönlicher Tipp:
Ich verschenke sehr gerne personalisierte Dinge, lasse Namen eingravieren oder einsticken. Das kostet nicht viel mehr, aber der Effekt ist umso persönlicher.

Johann Lafers Advent-Rezepte

Vanillekipferl

etwa 45 Minuten + ca. 2 ½ Stunden Kühlzeit + ca. 15 Minuten Backzeit

Zutaten für 30–40 Stück:

50 g gemahlene Mandeln
100 g kalte Butter
50 g Puderzucker
1 Prise Salz
1 Eigelb
Mark von 2 Vanilleschoten
125 g Mehl

zum Wälzen:
150 g Puderzucker
2 ausgekratzte Vanilleschoten

1.) Mandeln in einer Pfanne unter regelmäßigem Wenden goldbraun rösten, anschließend auskühlen lassen.

2.) Butter, Puderzucker, etwas Salz, Eigelb, Vanillemark, geröstete Mandeln und Mehl rasch zu einem glatten Teig kneten. Diesen in Folie gewickelt *2 Stunden* kühl stellen.

3.) Den Ofen auf *160 °C* vorheizen. Teig zuerst zu Rollen formen und in walnussgroße Stücke teilen. Diese zu Kipferln formen und auf ein mit Backpapier belegtes Blech setzen, nochmals *30 Minuten* kalt stellen, dann in den Ofen schieben und in *15 Minuten* blassgelb backen.

4.) Nach dem Backen sofort in Vanillepuderzucker wenden. Dafür am Vortag Puderzucker mit 2 ausgekratzten Vanilleschoten in einem Glas mischen und dieses fest verschließen, so nimmt der Zucker den Vanillegeschmack an.

Chili-Zimt-Kipferl

etwa 45 Minuten + ca. 2 ½ Stunden Kühlzeit + ca. 15 Minuten Backzeit

Zutaten für 30–40 Stück:

50 g fein gemahlene Haselnüsse
125 g Mehl
50 g Puderzucker
1 TL Zimtpulver
1 gestrichener TL
getrocknete Chiliflocken
100 g Butter
1 Eigelb
1 Prise Salz

zum Wälzen:
ca. 100 g Kakaopulver

1.) Haselnüsse in einer Pfanne goldbraun rösten. Anschließend abkühlen lassen und mit Mehl, Puderzucker, Zimt und gemahlenem Chili mischen. Mischung mit Butter, Eigelb und einer Prise Salz zu einem glatten Teig kneten. In Folie wickeln und für *1–2 Stunden* kalt stellen.

2.) Aus dem Teig zuerst etwa *30 Kugeln* rollen und diese dann zu Kipferln formen.

3.) Ofen auf *160 °C* vorheizen. Kipferl nebeneinander auf ein mit Backpapier belegtes Backblech setzen, nochmals *30 Minuten* kalt stellen, dann im Ofen etwa *15 Minuten backen.* Anschließend in Kakaopulver wenden.

Kürbiskern-Kipferl

etwa 45 Minuten + ca. 2 ½ Stunden Kühlzeit + ca. 15 Minuten Backzeit

Zutaten für 30–40 Stück:

50 g Kürbiskerne
100 g kalte Butter
50 g Puderzucker
1 Prise Salz
1 Eigelb
2 EL Kürbiskernöl
150 g Mehl

Für die Glasur:

100 g Puderzucker
Saft von ½ Zitrone
2 EL Kürbiskernöl
ca. 75 g fein gehackte
geröstete Kürbiskerne
2 ausgekratzte Vanilleschoten

1.) Kürbiskerne in einer Pfanne unter regelmäßigem Wenden goldbraun rösten, anschließend auskühlen lassen, fein mahlen und mit Butter, Puderzucker, etwas Salz, Eigelb, Kürbiskernöl und Mehl rasch zu einem glatten Teig kneten. Diesen in Folie gewickelt *2 Stunden* kühl stellen.

2.) Ofen auf *160 °C* vorheizen. Aus dem Teig zuerst etwa *30 Kugeln* rollen und diese dann zu Kipferln formen. Kipferl nebeneinander auf ein mit Backpapier belegtes Backblech setzen, nochmals *30 Minuten* kalt stellen, dann im Ofen etwa *15 Minuten* backen.

3.) Für die Glasur Puderzucker mit Zitronensaft und Kürbiskernöl glatt rühren. Abgekühlte Kipferl dünn damit einstreichen und mit gehackten Kürbiskernen bestreuen.

Kokos-Sterne mit Orangen-Gewürz-Gelee

etwa 1 Stunde + ca. 1 Stunde Kühlzeit + ca. 15 Minuten Backzeit

Zutaten für ca. 30 Stück:

Für den Teig:
200 g Mehl
75 g Puderzucker
1 Prise Salz
125 g Butter
1 Eigelb

Für das Gelee:
250 ml Orangensaft
Saft von ½ Zitrone
Mark von 1 Vanilleschote
1 Zimtstange
2–3 Sternanis
3–4 Kardamomkapseln
½ Chilischote
50 g Gelierzucker 3:1
2 Blatt Gelatine

Außerdem:
100 g weiße Kuvertüre
ca. 50 g Kokosraspeln zum Bestreuen

1.) Alle Zutaten für den Teig verkneten. Diesen in Folie wickeln und *1 Stunde* kühl stellen.

2.) Ofen auf *180 °C* vorheizen. Teig auf einer bemehlten Arbeitsfläche etwa *3 mm* dünn ausrollen. Mit einem Ausstecher Sterne ausstechen und diese nebeneinander auf ein mit Backpapier belegtes Backblech setzen. Aus der Hälfte der Plätzchen mit einem kleineren Stern-Ausstecher „Löcher“ ausstechen. Plätzchen in etwa *15 Minuten* blassgelb backen. Danach abkühlen lassen.

3.) Orangen- und Zitronensaft mit Gewürzen in einen Topf geben und auf *150 ml* einkochen lassen. Gewürze entfernen, Gelierzucker unterrühren. Alles etwa *3 Minuten* lang sprudelnd kochen lassen. Gelatine in kaltem Wasser einweichen und in dem heißen Orangensaft auflösen, dann abkühlen lassen, bis dieser zu gelieren beginnt.

4.) Kuvertüre klein hacken und in einer Schüssel über einem heißen Wasserbad schmelzen. Gelochte Plätzchen auf beiden Seiten dünn damit bestreichen und auf die ungelochten setzen. Rand mit Kokosraspeln bestreuen. Den leicht gelierten Orangensaft mit einem kleinen Löffel in die „Löcher“ verteilen und zu festem Gelee werden lassen.

Linzeraugen

etwa 1 Stunde + ca. 2 Stunden Kühlzeit + ca. 15 Minuten Backzeit

Zutaten für ca. 50 Stück:

300 g Mehl
100 g geschälte, fein gemahlene Mandeln
150 g Puderzucker
1 Prise Salz
1 Päckchen Vanillezucker
200 g Butter
1 Ei
200 g Johannisbeer-Gelee
Puderzucker zum Bestauben

1.) Alle Zutaten bis auf das Johannisbeergelee zu einem glatten Teig verkneten. Diesen in Folie wickeln und *2 Stunden* kühl stellen.

2.) Ofen auf *180 °C* vorheizen. Teig auf einer bemehlten Arbeitsfläche etwa *3 mm* dünn ausrollen. Mit einem Ausstecher Plätzchen ausstechen und diese nebeneinander auf ein mit Backpapier belegtes Backblech setzen. Aus der Hälfte der Plätzchen mit einem kleineren Ausstecher Sterne, Herzen oder drei kleine Löcher ausstechen. Plätzchen in etwa *15 Minuten* blassgelb backen.

3.) Johannisbeergelee erwärmen und glatt rühren. Die ungelochten Plätzchen mit dem Gelee bestreichen, gelochte Plätzchen darauf setzen. Plätzchen mit Puderzucker bestauben. Restliches Johannisbeergelee in eine Papier-Spritztüte füllen, in die „Löcher" spritzen und diese mit dem Gelee ausfüllen. Gelee wieder fest werden lassen.

Weihnachtsbäume

etwa 1 Stunde + ca. 20 Minuten Backzeit

Zutaten für 10–12 Stück:

3 Eier
1 Prise Salz
75 g Zucker
100 g gemahlene Mandeln
25 g Mehl
25 g Speisestärke
200 g weiße Kuvertüre
200 g Pistazien
150 g Puderzucker
Saft von ½ Zitrone
1 Tube rote Zucker-Dekorschrift
Puderzucker zum Bestauben

1.) Ofen auf *180 °C* vorheizen. Aus Backpapier *10–12* Kreise mit etwa *16 cm* Durchmesser ausschneiden. Vom Rand zur Mitte einmal einschneiden, Papier kegelförmig formen und mit einer Büroklammer fixieren. Papierkegel mit der Spitze nach unten in kleine Tassen oder Förmchen stellen.

2.) Für den Teig Eier trennen. Eiweiß mit einer Prise Salz zu steifem Schnee schlagen. Dabei langsam den Zucker einrieseln lassen. Eigelb kurz unterrühren. Mandeln mit Mehl und Stärke mischen und behutsam unter die Eischnee-Mischung heben.

3.) Teig in einen Spritzbeutel umfüllen und in die Papierkegel verteilen. Im heißen Ofen *15–20 Minuten* backen. Anschließend die Kegel umgedreht auf ein Kuchengitter stellen und auskühlen lassen.

4.) Kuvertüre klein hacken und in einer Schüssel über einem heißen Wasserbad schmelzen. Pistazien in einer Küchenmaschine fein mahlen. Von den erkalteten Mandel-Biskuit-Kegeln vorsichtig das Backpapier entfernen. Kegel rundum dünn mit flüssiger Kuvertüre einpinseln, dann in den gemahlenen Pistazien wenden.

5.) Puderzucker mit Zitronensaft glatt rühren und jeweils etwas Zuckerguss mit einem kleinen Löffel auf die Spitze der Biskuit-Kegel verteilen. Mit roter Zucker-Dekorschrift kleine Tupfen auf die Weihnachtsbäume spritzen. Diese abschließend mit Puderzucker bestauben.

Schneemann-Muffins

etwa 1 ½ Stunden + ca. 25 Minuten Backzeit

Zutaten für 8 Muffins:

2 Eier
75 g Zucker
200 ml Milch
100 ml Sonnenblumenöl
1 Prise Salz
Mark von 1 Vanilleschote
250 g Mehl
1 TL Backpulver
250 g Puderzucker
Saft von 1 Zitrone
8 kleine, weiße Pralinen
ca. 150 g Marzipan
orangefarbene und rote Lebensmittelfarbe
ca. 50 g flüssige Zartbitter-Schokolade
8 kleine Plastik-Zylinder

1.) Backofen auf *180 °C* vorheizen. In einer großen Schüssel Eier mit Zucker, Milch, Öl, einer Prise Salz und Vanillemark verrühren. Mehl mit Backpulver mischen, darübersieben und locker mit einem großen Löffel unterheben. Teig in Muffin-Papierförmchen verteilen und im Ofen in ca. *20–25 Minuten* goldbraun backen. Gebackene Muffins auf einem Gitter auskühlen lassen.

2.) Puderzucker mit Zitronensaft zu einem dickflüssigen Guss verrühren. Pralinen ein- bis zweimal durch den Zuckerguss ziehen, auf ein Gitter setzen, Guss antrocknen lassen. Den restlichen Guss gleichmäßig über die Muffins verteilen und ebenfalls antrocknen lassen.

3.) Ein Viertel des Marzipans mit orangefarbener Lebensmittelfarbe einfärben, das restliche Marzipan mit roter Lebensmittelfarbe einfärben. Aus dem orangefarbenen Marzipan kleine Karotten-Nasen formen. Das rote Marzipan zwischen zwei Folienstücken dünn ausrollen und in *8* etwa *10 cm* lange und *1 cm* breite Streifen schneiden.

4.) Flüssige Schokolade in eine kleine Papierspritztüte füllen. Auf jede Pralinenkugel zwei Augen und einen Mund mit der flüssigen Schokolade tupfen sowie eine Marzipan-Karotte in die Mitte drücken. Schneemann-Köpfe auf die Muffins setzen und mit einem roten Marzipanstreifen umlegen. Abschließend auf jeden Kopf einen Plastik-Zylinder drücken.

Die Plastik-Zylinder gibt es in verschiedenen Größen im Bastel-Geschäft. Alternativ kann man auch welche aus dunkel gefärbtem Marzipan formen.

Weihnachtskuchen mit Dörrobst und Nüssen

ca. 45 Minuten + ca. 12 Stunden Marinierzeit + ca. 60 Minuten Backzeit

Zutaten für einen länglichen Kuchen von etwa 25 cm Länge:

250 g gemischtes Dörrobst (z. B. Pflaumen, Aprikosen, Feigen, Birnen)
75 g Zucker
3–4 EL Rum
100 g Walnüsse
100 g gestiftete Mandeln
225 g weiche Butter
150 g Puderzucker
3 Eier
225 g Mehl
1 TL Backpulver
225 ml Baileys
2–3 EL Glühwein
150 g Puderzucker
je 2–3 EL klein gewürfeltes Zitronat und Orangeat

1.) Dörrobst klein würfeln. Zucker mit *100 ml* Wasser aufkochen, gewürfeltes Dörrobst und Rum zufügen und zugedeckt am besten über Nacht durchziehen lassen.

2.) Nüsse in einer Pfanne unter regelmäßigem Wenden goldbraun rösten. Anschließend abkühlen lassen und grob hacken.

3.) Ofen auf *180 °C* vorheizen. Eine Kastenform mit etwas Butter ausfetten und mit Mehl bestauben. Butter mit Puderzucker in etwa *5 Minuten* schaumig schlagen. Nach und nach die Eier unterrühren. Mehl mit Backpulver mischen, unterheben, anschließend den Baileys dazugießen und unter den Teig rühren.

4.) Gut abgetropfte Dörrobstwürfel und gehackte Nüsse unter den Teig heben und diesen in die Form füllen, Kuchen im Ofen *ca. 60 Minuten* backen. Anschließend herausnehmen, abkühlen lassen und auf ein Kuchengitter stürzen.

5.) Glühwein mit Puderzucker glatt rühren und gleichmäßig auf dem abgekühlten Kuchen verteilen, mit Orangeat und Zitronat bestreuen und den Guss trocknen lassen.

Johann Lafer und Desirée Treichl-Stürgkh sind auf den Geschmack gekommen: Vanillekipferl in Zucker wälzen oder mit Kürbiskernen bestreuen, Kekse ausstechen und mit Marmelade füllen. Nicht zu vergessen: blödeln, Spaß haben und so viel wie möglich naschen. Natürlich ohne dass es der andere bemerkt.

Schmalz-Crostini mit Rinder-Tartar und Wachtelspiegelei

ca. 40 Minuten

Zutaten für 4 Personen:

300 g Rinderfilet, ohne Sehnen
1 Prise Zucker
½ TL Salz
½ TL Paprikapulver
2 Schalotten
2 Sardellenfilets
1 EL Kapern
4 Cornichons
2 Zweige Blattpetersilie
1 TL Dijon Senf
1 Eigelb
Pfeffer
8 dünne Scheiben Schwarzbrot
50 g Butter-Schmalz
8 frische Wachteleier
fein geschnittener Schnittlauch zum Bestreuen

1.) Filets in kleine Würfel schneiden, mit Zucker, Salz und Paprikapulver gut vermengen. *30 Minuten* kühl stellen und durchziehen lassen.

2.) Inzwischen Schalotten schälen und fein würfeln. Sardellenfilets, Kapern und Cornichons fein hacken. Petersilie fein hacken.

3.) Das gewürfelte Filet mit einem scharfen, stabilen Küchenmesser fein hacken und mit Senf, Eigelb, Schalotten, Kapern, Sardellen, Cornichons und Petersilie mischen. Kräftig mit Pfeffer würzen.

4.) Brotscheiben in heißem Schmalz in einer Pfanne von beiden Seiten knusprig ausbacken und auf Küchenpapier abtropfen lassen.

5.) Wachteleier vorsichtig mit einer Messerspitze aufritzen und in einer beschichteten Pfanne bei schwacher Hitze zu kleinen Spiegeleiern braten.

6.) Auf jede gebackene Brotscheibe zuerst etwas vom Tartar verteilen, darauf dann jeweils ein Wachtelspiegelei. Spiegeleier mit etwas Salz und Pfeffer würzen und mit Schnittlauch bestreut servieren.

Kräuter-Frischkäse-Toast

ca. 25 Minuten

Zutaten für 4 Personen:

50 g gemischte Garten-Kräuter (z. B. Blattpetersilie, Kerbel, Dill, Estragon etc.)
1 Bund Schnittlauch
200 g Doppelrahm-Frischkäse
feiner Schalenabrieb und Saft von 1 Zitrone
Salz, Cayennepfeffer
6 Scheiben Toastbrot
75 g Butterschmalz
Gartenkresse zum Bestreuen

1.) Kräuter abbrausen, trockenschütteln, Blätter von den Stielen zupfen und sehr fein hacken. Schnittlauch in feine Ringe schneiden. Alles mit Frischkäse, Zitronensaft, Schalenabrieb und Milch verrühren und mit Salz und Pfeffer kräftig abschmecken.

2.) Brotscheiben entrinden, in heißem Schmalz in einer großen Pfanne von beiden Seiten knusprig und goldbraun ausbacken und auf Küchenpapier abtropfen lassen.

3.) Kräuter-Frischkäse dick daraufstreichen, Brote diagonal halbieren und großzügig mit Kresse bestreut servieren.

Räucherlachs-Rose mit Limonen-Crème fraîche auf Reibeküchlein

ca. 30 Minuten

Zutaten für 4 Personen:

150 g Crème fraîche
Saft und geriebene Schale
von 1 Limone
ca. 300 g festkochende Kartoffeln
Salz, Muskat, Cayennepfeffer
1 Eigelb
50 g Butterschmalz
ca. 300 g Räucherlachs
am Stück
Dill zum Garnieren

1.) Crème fraîche mit Schalenabrieb und Limonensaft verrühren und mit Salz und Pfeffer abschmecken.

2.) Kartoffeln waschen, schälen und fein reiben. Geriebene Kartoffeln kräftig ausdrücken und mit Salz, Muskat und Eigelb vermischen.

3.) In einer großen beschichteten Pfanne Butterschmalz erhitzen. Kartoffelmasse darin löffelweise zu kleinen, flachen Reibekuchen von *4–5 cm* Durchmesser ausbacken. Dann auf Küchenpapier abtropfen lassen.

4.) Räucherlachs mit einem scharfen Messer in etwa 2 mm dünne Scheiben schneiden. Jeweils *3–4* Räucherlachsscheiben zu Rosen aufrollen und jeweils eine Rose auf jedes noch lauwarme Reibeküchlein setzen. Mit Limonen-Crème fraîche und etwas frischem Dill garniert servieren.

DESI
MOUNTAIN FORCE

Süß-scharfer-Rotwein-Gewürzpunsch

ca. 10 Minuten + ca. 25 Minuten zum Ziehen

Zutaten für 4–6 Portionen:

500 ml Rotwein
Saft und Schale von 2 Orangen
1 kleine, rote Chilischote, der Länge nach halbiert
1 aufgeschlitzte Vanilleschote
2–3 Zimtstangen
3–4 Nelken
3 Sternanis
4–5 Kardamomkapseln
100 g brauner Zucker
4 Beutel Früchtetee
75 ml Rum
2–3 EL Honig

1.) Rotwein mit Orangensaft und -schale sowie Chili, den Gewürzen, dem Zucker und den Teebeuteln erhitzen. Dann bei schwacher Temperatur *25 Minuten* ziehen lassen.

2.) Anschließend Rum und Honig zufügen, Punsch durch ein Sieb gießen und heiß in Tassen servieren.

Bratäpfel mit Marzipanfüllung

ca. 30 Minuten + ca. 30 Minuten Backzeit

Zutaten für 4 Portionen:

3 cl Rum
2 EL Vanillezucker
40 g Rosinen
50 g gehackte Mandeln
100 g Marzipanrohmasse
1 EL Aprikosenmarmelade
Saft von ½ Zitrone
8 mittelgroße Äpfel
ca. 50 g Butter für die Form und die Äpfel
150 ml Apfelsaft
1–2 EL brauner Zucker
Puderzucker zum Bestauben

1.) Für die Bratäpfel Rum mit *50 ml* Wasser und Vanillezucker erhitzen, Rosinen darin über Nacht einweichen. (Kann für Kinder weggelassen werden.)

2.) Mandeln in einer Pfanne goldbraun rösten. Abkühlen lassen und mit Marzipan, Aprikosenmarmelade, Zitronensaft und eingeweichten Rosinen gründlich vermischen.

3.) Ofen auf *200 °C* vorheizen. Äpfel waschen, oberes Drittel als Deckel abschneiden. Äpfel mit einem Kugelausstecher etwas aushöhlen und mit der Marzipan-Mischung füllen. Deckel wieder auf die Äpfel setzen und diese nebeneinander in eine großzügig gebutterte Gratinform setzen. Jeweils ein kleines Flöckchen Butter auf jeden gefüllten Apfel geben, mit Apfelsaft begießen und mit braunem Zucker bestreuen. Gefüllte Äpfel in die Mitte des heißen Ofens schieben und etwa *30 Minuten* lang braten.

Dazu passt am besten eine selbstgemachte Vanillesoße. Dafür *250 ml* Milch mit *250 ml* Sahne, *100 g* Zucker und dem ausgekratzten Mark von *2* Vanilleschoten aufkochen. Dann langsam unter ständigem Rühren zu *4* Eigelb in eine Schüssel gießen. Flüssigkeit wieder zurück in den Topf gießen und bei schwacher mittlerer Hitze so lange rühren, bis die Soße eine leicht dickliche, cremige Konsistenz hat. Danach durch ein Sieb passieren und zugedeckt im Kühlschrank vollständig auskühlen lassen.

Weihna

chten

Kaum steht der Weihnachtsbaum festlich beleuchtet und mit viel Liebe geschmückt vor uns, vergessen wir all den Stress, den Zwist, die Anstrengung. Weihnachten wird dann wieder zu dem was es eigentlich ist: zum Fest der Liebe.

Eine Botschaft für den Frieden

Jedes Fest ist ein Ritual, hat eine Geschichte, die weit zurückführt, die Werte einschließt und in Traditionen und Mythen verankert ist. Das Evangelium ist für mich so eine Geschichte. Eine, mit der ich aufgewachsen bin, die mir vertraut ist. Und ohne die für mich das Weihnachtsfest kein Fest wäre. Etwas Wichtiges würde mir fehlen. Und ohne das Weihnachtsevangelium, ohne diese Geschichte, durch die wir kurz innehalten und die uns zeigt, was es braucht, die Welt für alle ein bisschen menschlicher zu gestalten, wäre Weihnachten noch stärker von Kommerz geprägt.

Mir persönlich bedeutet zu Weihnachten auch der Kirchgang viel. Ich kann mich an diesem Ort sammeln, fühle mich geborgen und bin verbunden mit Traditionen, die sich gut und vertraut anfühlen.

„DARF BEI MEINEM WEIHNACHTEN NICHT FEHLEN“

Das Weihnachtsevangelium

NACH LUKAS 2, 1–14

In jenen Tagen erließ Kaiser Augustus den Befehl, alle Bewohner des Reiches in Steuerlisten einzutragen. Dies geschah zum ersten Mal; damals war Quirinius Statthalter von Syrien. Da ging jeder in seine Stadt, um sich eintragen zu lassen. So zog auch Josef von der Stadt Nazaret in Galiläa hinauf nach Judäa in die Stadt Davids, die Bethlehem heißt; denn er war aus dem Haus und Geschlecht Davids. Er wollte sich eintragen lassen mit Maria, seiner Verlobten, die ein Kind erwartete. Als sie dort waren, kam für Maria die Zeit ihrer Niederkunft, und sie gebar ihren Sohn, den Erstgeborenen. Sie wickelte ihn in Windeln und legte ihn in eine Krippe, weil in der Herberge kein Platz für sie war. In jener Gegend lagerten Hirten auf freiem Feld und hielten Nachtwache bei ihrer Herde. Da trat der Engel des Herrn zu ihnen, und der Glanz des Herrn umstrahlte sie. Sie fürchteten sich sehr, der Engel aber sagte zu ihnen: Fürchtet euch nicht, denn ich verkünde euch eine große Freude, die dem ganzen Volk zuteil werden soll: Heute ist euch in der Stadt Davids

der Retter geboren; er ist der Messias, der Herr. Und das soll euch als Zeichen dienen: Ihr werdet ein Kind finden, das, in Windeln gewickelt, in einer Krippe liegt. Und plötzlich war bei dem Engel ein großes himmlisches Heer, das Gott lobte und sprach: Verherrlicht ist Gott in der Höhe, und auf Erden ist Friede bei den Menschen seiner Gnade. Als die Engel sie verlassen hatten und in den Himmel zurückgekehrt waren, sagten die Hirten zueinander: Kommt, wir gehen nach Bethlehem, um das Ereignis zu sehen, das uns der Herr verkünden ließ. So eilten sie hin und fanden Maria und Josef und das Kind, das in der Krippe lag. Als sie es sahen, erzählten sie, was ihnen über dieses Kind gesagt worden war. Und alle, die es hörten, staunten über die Worte der Hirten. Maria aber bewahrte alles, was geschehen war, in ihrem Herzen und dachte darüber nach. Die Hirten kehrten zurück, rühmten Gott und priesen ihn für das, was sie gehört und gesehen hatten; denn alles war so gewesen, wie es ihnen gesagt worden war.

Weihnachten zum Wundern

Keine Frage: Weihnachten wirft Fragen auf. Einige wissen gar nicht mehr, wie das Weihnachtsfest entstanden ist, warum wir es überhaupt feiern. Nur wegen der Geschenke? Sicher nicht! Hier ein paar – nicht immer ernst gemeinte – Fragen und noch weniger ernst gemeinte Antworten: Was Sie schon immer über Weihnachten wissen wollten oder sollten.

?

1

Warum schmecken die Kekse vor Weihnachten so viel besser?

Weil alles, was verboten ist, einen besonderen Reiz ausübt und schon allein deswegen besonders gut mundet. Noch einen Vorteil gibt es: Wer die Kekse heimlich vernascht, muss sie auch nicht teilen.

?

2

Darf ich Weihnachtswünsche per E-Mail oder SMS schicken?

Ich finde handgeschriebene Zeilen an gute Freunde und Bekannte eine schöne, herzliche Geste. Doch die Generationen nach mir kennen dies nicht mehr. Ihre Kommunikation mit der Außenwelt ist vom Web bestimmt. Daher meine ich: Ja, warum nicht?

3

Woher kommt eigentlich das Christkind?

Das Christkind ist eine „Erfindung" von Martin Luther und hat sich als Gegendarstellung zum Nikolaus seinen Rang erworben. Denn der Heilige Nikolaus hatte, so meinte Luther, eine zu große Bedeutung. Also ersetzte Martin Luther kurzerhand den Nikolaus durch das Christkind, das nicht am 6., sondern am 25. Dezember Geschenke verteilte. Und schon war Weihnachten geboren.

4

Warum findet Weihnachten am 24. Dezember statt?

Wintersonnenwende und Weihnachten liegen nur wenige Tage auseinander. Im 4. Jahrhundert legte Kaiser Theodosius das Fest der Geburt Jesu Christi auf den 25. Dezember, denn bis dahin gab es keinen einheitlichen Feiertag für dieses Fest. Weil aber seit eh und je in allen Kulturen zur Wintersonnenwende große Lichterfeste stattfanden, erschien es richtig, Weihnachten mit diesen Festen zusammenzulegen. Daraus entwickelte sich das Weihnachtsfest, so wie wir es heute kennen.

5

Warum wird Weihnachten nicht in allen Ländern am selben Tag gefeiert?

Die Antwort ist einfach: Weil unterschiedliche Traditionen und Lichtfeste dies unmöglich machen. Jedes Land hat seine Kultur und damit auch seine Bräuche.

?

6

Warum ist die Mitternachtsmette schon um 22.00 Uhr?

Einerseits, weil der Papst seine Bettruhe gerne etwas früher genießt, und andererseits, weil man danach noch Zeit zum Feiern hat.

?

7

Wie wünsche ich Andersgläubigen Weihnachten?

Respektvoll. Weihnachten wird mittlerweile fast auf der ganzen Welt gefeiert. Daher ist es nicht verkehrt, auch Andersgläubigen Weihnachten zu wünschen.

8

Darf ich Geschenke durch Versandhäuser verschicken lassen?

Ja. Denn fast alle Versandhäuser bieten Weihnachtsverpackungen an. Außerdem ist es sinnvoll, Pakete nicht unnötig auf Reisen zu schicken.

9

Warum gibt es zu Weihnachten Geschenke?

Begonnen hat es mit Bischof Nikolaus und damit, dass der Bischof die Kinder beschenkte. So wurde das Schenken zum Brauch. Und daraus hat sich eine lang gepflegte Tradition entwickelt.

10

Gibt es in unseren Breitengraden einen speziellen Weihnachtsdrink?

Weihnachtspunsch und Glühwein – das sind die Getränke, die uns durch die Vorweihnachtszeit begleiten. Doch Vorsicht vor allen „wilden" Mixturen: Kopfweh könnte dem Genuss folgen.

?

?

11

Wie beschenkt man Familienmitglieder, wenn deren Anzahl fast unüberschaubar ist?

Einfach Lose mit den Namen aller Familienmitglieder verteilen und jeder beschenkt nur den, den er gezogen hat.

?

12

Wie lange muss ich Weihnachten wünschen?

Bis Ostern! Nein, so lange natürlich nicht. Nur bis zwei Tage nach Weihnachten.

13

Darf man einen Weihnachtsbaum aus dem Wald holen?

Niemals! Einzige Ausnahme: Mitten im Wald ist eine Baumschule, die rechtmäßig Bäume verkauft.

14

Darf man in der Jogginghose zum Weihnachtsfest auftauchen?

Es gibt zwar zu Weihnachten keinen bestimmten Dresscode, dennoch sollte man sich dem Anlass entsprechend kleiden. Jogginghosen gehören definitiv nicht zum Weihnachtsoutfit.

15

Die ganze Familie kommt zu Weihnachten – wie kann sie gut unterhalten werden?

Nachdem der Familientratsch an der Reihe war, darf es auch ein kitschiger Weihnachtsfilm sein, der zur allgemeinen Unterhaltung beiträgt. Oder wie wäre es, eine Weihnachtsgeschichte vorzulesen? Oder unsere Version von Stadt & Land zu spielen – siehe Seite 202

16

Darf ein iPod zum Einsatz kommen – oder muss „Stille Nacht, ..." unplugged gesungen werden?

Wenn der Gesang einem Katzenjammer gleicht und Sie den Nachbarn nicht verschrecken wollen, dann ja!

?

17

Ab wann darf ich am 24. Fleisch essen?

Bis vor einigen Jahrzehnten war es am Heiligen Abend noch üblich zu fasten. Erst nach der Christmette gab es Fleisch. Jetzt ist das Weihnachtsessen facettenreich geworden. Es reicht von Würstelsuppe bis zu Fondue oder Rehrücken – wie man auch an Johann Lafers Rezepten sehen kann.

?

18

Darf man ein Lebkuchenhaus aufessen?

Ich habe gelesen, dass es Unglück bringen soll, wenn man es aufisst. Daher mein Rat: Abergläubische sollte lieber die Finger davon lassen. Und diejenigen, die einen starken Magen haben, dürfen zulangen. Noch ein Tipp: Man kann sich auch Etagenweise vortasten.

19

Darf ich Weihnachten verschlafen?

Ja! Nur schade, denn wer macht dann die Geschenke für Sie auf?

20

Darf ich am 24. tagsüber spontane Hausbesuche machen?

Wenn Sie ein Arzt sind und man Sie gerufen hat, ja. Sonst sollte man ab dem späten Nachmittag davon Abstand nehmen. Man könnte ja das Christkind vertreiben!

21

Kann ich Geschenke ablehnen?

Kommt immer darauf an, von wem die Geschenke kommen. Einen geliebten Menschen kränkt man damit. Wenn es sich um „Anfütterungsgeschenke“ handelt, dann müssen Sie sie ablehnen. Sogar wenn es ein Porsche ist.

?

?

22

Ab wann ist es unhöflich, jemanden am 24. anzurufen?

Wenn Kinder mit im Spiel sind, ab dem späten Nachmittag – Sie könnten in die Bescherung platzen. Sonst gilt es, am Abend nicht zu stören.

23

Darf ich einen Caterer für den Heiligen Abend bestellen?

Ja, warum nicht, die wollen ja schließlich auch ein Geschäft machen. Und Sie haben einen entspannten Abend.

24

Ich schmücke den Baum alleine, bin ich deswegen ein Egoist?

Nein, sind Sie nicht. Ich habe meine Freude daran, drehe die Musik laut auf, gönne mir ein Gläschen guten Wein und tanze beschwingt um den Baum herum, während ich ihn dekoriere. Da beginnt bei mir offiziell Weihnachten – und das will ich ganz für mich genießen. Ohne Zuschauer. Sogar ohne meine vier Männer.

Christkind oder Weihnachtsmann?

Eine Glaubensfrage

Viele Generationen haben sich vom Christkind verzaubern lassen, das wie durch ein Wunder einen von oben bis unten hübsch dekorierten Baum samt Geschenken in der Dämmerung des Weihnachtsabends vorbeigebracht hat. Meist durchs Fenster, egal in welchem Stock. Bewundernswert. Dabei erwischen hat sich das Christkind noch nie lassen. Es blieb für die meisten von uns jener Hauch eines Lichtstrahls, der durchs Fenster blitzt. Verbunden mit der Vorstellung eines engelhaften Wesens, das alles weiß und sieht und uns trotzdem gut gesinnt ist.
Und dann passiert das: Es wird verraten. Und verkauft. Und muss sich gegen die Vorherrschaft des Weihnachtsmanns durchsetzen. So sehen das zumindest einige Christkind-Anhänger, die das Vordringen von Santa in unseren Breiten verhindern wollen.
Woher stammt nun dieser Weihnachtsmann? Da hat jede Kultur ihre eigenen Thesen. Häufig wird er auf den heiligen Nikolaus zurückgeführt und der wieder auf Nikolaus von Myra, einen Bischof aus dem 4. Jahrhundert. Dem Weihnachtsmann als dessen Nachfolger wird aber der hohe Norden als Heimat nachgesagt. Und den heutigen Santa Claus wiederum, wie wir ihn kennen und lieben oder eben nicht, haben die Amerikaner ins Rennen geschickt. Für sie lebt Santa am Nordpol, die Finnen wiederum reklamieren das lappländische Korvatunturi als seine Heimat. Wo auch immer er herkommt, Hauptsache, er kommt und bringt seine Gaben.

Ich bin eine große Verfechterin des Christkindes, weil ich mit ihm aufgewachsen bin und Weihnachten einfach mit diesem kleinen, engelhaften Wesen verbinde. Und das auch so an meine Buben weitergegeben habe.
Hier eine kleine Liste über die Vorteile des einen und des anderen.

Das Christkind

Blondes, gelocktes Engelshaar

Zündet die Kerzen und Wunderkerzen am Christbaum an

Hat Flügel, ist daher auch flugs unterwegs

Läutet die Glocke und damit die Bescherung ein

Manchmal hat es auch einen Heiligenschein

Hat ein eigenes Postamt: Postamt Christkindl, Christkindlweg 6, A–4411 Christkindl

Organisationstalent: Holt schon Wochen vor dem Heiligen Abend den Wunschzettel ab

Unschuldsgesicht

Sieht fast alles – also aufpassen!

Ist nicht aufdringlich, braucht keine Publicity, kommt still und heimlich auf die Erde, liebt vornehme Zurückhaltung

Bringt die Geschenke schon am Vorabend

Unmittelbare Reaktion auf das Stichwort „Christkind“: „Freue dich, Christkind kommt bald.“

Zwängt sich nicht durch enge Rauchfänge

Weibliche Ausstrahlung – gut für die Quote

Der Weihnachtsmann

* Internationaler Pop-Star, wird auf der ganzen Welt besungen: Santa is coming to town ...

* Vertrauens-erweckender Rauschebart

* Ist Kosmopolit und überall auf der Welt unterwegs

* Ist immer mit seinem Rentierschlitten unterwegs, was unserer Umwelt viel CO_2 erspart – natürlich nur, wenn er nicht gerade auf einem riesigen Truck sitzt

* Zweifellos ein kulturelles Kunstprodukt

* Trinkt für meinen Geschmack viel zu viel Cola

* Wirkt stark und männlich

* Zeigt sich öffentlich, auch schon mal in einer Shopping Mall

* Hört auch auf den Namen Santa Claus, was vom niederländischen Wort „Sinter Klaa" (St. Nikolaus) abstammt. Dieses wiederum verbreitete sich dann über Neu-Amsterdam in den USA, bekannt als New York.

Machen ihrem Namen alle Ehre
Santa Claus hatte ursprünglich acht Rentiere: Dancer, Dasher, Vixen, Prancer, Cupid, Comet, Blitzen und Donner, dazu kamen dann noch Rudolph (the rednosed reindeer) und Robbie, Rudolphs Sohn.

Weihnachtsmann
Falls Sie Ihren Weihnachtsabend einmal in einem anderen Land verbringen, ist es gut zu wissen, wie Sie den Mann im roten Gewand beim Namen nennen.

- Babbo Natale – Italien
- Père Noël – Frankreich
- Santa Claus – England
- Ded Moros – Russland (Väterchen Frost)
- Dun Che Lao Ren – China
- Sinter Klaas – Holland

Test: Welcher Weihnachtstyp bin ich

Oh du fröhliche!

Weihnachten steht vor der Tür und wie auf Kommando beginnt es zu duften. Nach Zimt und Nelken, Orangen und Rum. Schaufenster glitzern, Straßen leuchten, Sterne funkeln. Das alles bringt Licht ins Dunkel und hebt unsere Stimmung. Für manche reicht schon der Anblick der ersten Vanillekipferl, und das „Wunder" Weihnachten wirkt. Alle Jahre wieder. Wie schön.
Warum das so ist, und was uns in eine besondere Stimmung versetzt, kann vielleicht dieser Weihnachts-Test ans Tageslicht bringen. Aber Achtung: Es könnten Dinge aus Ihrer Kindheit auftauchen, mit denen Sie nie gerechnet hätten. Wir denken da an das Glitzern in den Augen beim Betrachten von Geschenken, Wunderkerzen oder Ähnlichem.

Vorfreude

WELCHER ADVENTKALENDER IST IHRER?

C Ich bin für Online-Adventkalender – keine Frage. Da bin ich vor dem Schummeln sicher, denn mir wird nur gestattet, ein Kästchen pro Tag zu öffnen. Und umweltfreundlich ist er auch.

D Ich habe vier verschiedene Adventkalender – schließlich ist nur einmal im Jahr Weihnachten.

B Ich habe einen selbstgebastelten – im Sommer geht's schon mit den Vorbereitungen los.

A Ich komme jedes Jahr darauf, dass der 1. Dezember bereits vorbei ist und erwische nur mehr Adventkalender, die andere übergelassen haben.

Glaubensfrage

WIE LANGE HABEN SIE AN DAS CHRISTKIND GEGLAUBT?

D Was soll die Frage, ich glaube immer noch daran!

C Ich habe das natürlich sehr früh durchschaut, habe aber bis ins hohe Volksschulalter so getan, als würde es das Christkind tatsächlich geben.

A Ich warte immer noch auf eine Erklärung, wie ein einziges engelhaftes Wesen so viele Geschenke auf der ganzen Welt in Null-Komma-Nichts herbeizaubern kann und immer genau weiß, was man sich wünscht.

B Mein sehnlichster Wunsch ist ein Besuch beim Weihnachtsmann, um den Engeln, Wichteln und Feen beim Arbeiten zuzusehen.

Lampenfieber

WIE VERBRINGEN SIE DEN 5. UND 6. DEZEMBER?

A Sie verkleiden sich als Krampus und können es kaum erwarten, die Kinder der Nachbarin zu erschrecken.

D Sie putzen Ihre Schuhe schon eine Woche vorher blitzblank und hoffen, dass niemand eine Bemerkung fallen lässt, wenn Sie alle am Abend des 5.12. vor die Türe stellen. Man wird's ja noch probieren dürfen.

B Sie grasen alle Bio-Märkte ab nach glücklichen Schokoladeengeln aus biologisch einwandfreiem Kakao. Schließlich kommen nur ausgewählte Leckereien in Ihr Nikolaus-Säckchen.

C Sie füllen Ihr Nikolaus-Säckchen ständig mit Süßigkeiten nach, in der Hoffnung, dass niemand Ihre Freude am Genuss bemerkt. Und falls doch, haben Sie eine gute Ausrede.

Baumschule

WELCHER CHRISTBAUM IST FÜR SIE EIN TRAUM?

D Sie haben den Baum gleich Anfang Dezember ausgewählt, beim Christbaumverkäufer, zu dem Sie schon seit Jahren pilgern. Geschnitten wird er aber erst bei Vollmond.

A Über den Christbaum haben Sie sich noch nie viele Gedanken gemacht. Entweder es gibt einen oder eben nicht. Zur Not tut es auch der Ficus Benjamin. Ist schließlich auch ein grünes Bäumchen.

C Sie warten bis zum letzten Moment, wenn der größte Trubel vorbei ist, und freuen sich, wenn Sie dann noch eine ordentliche Blaumanntanne erwischen.

B Sie kaufen – wie jedes Jahr – einen Baum im Topf. Und setzen ihn dann in den eigenen Garten. Das Absägen hat für Sie etwas Barbarisches.

Schmuckstück

WIE SCHMÜCKEN SIE DEN BAUM?

B Sie könnten drei Tage den Baum schmücken. Und sind doch nie zufrieden. Hier fehlt noch eine Kugel, da noch eine, hier gehört eine weg, da ein Ästchen getrimmt. Für die Baumspitze haben Sie gleich drei Varianten vorbereitet.

D Sie können es kaum erwarten. Am liebsten würden Sie schon am 23. loslegen. Und den Baum mit dem neuen Christbaumschmuck dekorieren. Zum Glück hat der Weihnachtsbaum extra starke Äste, damit er auch alles tragen kann.

A Sie greifen zum Baum aus Plastik, stauben ihn ab, hängen Girlanden dran, befestigen die Beleuchtung – fertig: Die Show kann beginnen.

C Alle Jahre wieder greifen Sie zu den Kartons, in denen der Baumschmuck sicher aufbewahrt ist. Den Baum zu schmücken ist zwar nichts Neues, doch jedes Jahr eine Freude.

Auswertung

Einfach zusammenzählen, wie viele Fragen Sie mit A, B, C oder D beantwortet haben. Der Buchstabe, den Sie am häufigsten gewählt haben, verrät etwas über Ihren Gemütszustand zu Weihnachten.

WEIHNACHTS-TYP A: DER VERWEIGERER
Sie konnten dem Weihnachtsfest noch nie viel abgewinnen, verstehen den Zirkus nicht, der um diesen Tag gemacht wird, und wünschen sich, dass alles glatt über die Bühne geht. Im nächsten Jahr machen Sie Ihr Versprechen endlich wahr und verbringen Weihnachten am Strand – ganz ohne Weihnachtsbaum, Weihnachtskugeln und Geschenken.

WEIHNACHTS-TYP B: DER ROMANTIKER
Die Zahl 24 hat es Ihnen angetan, jeden Monat am 24. freuen Sie sich, dem Fest aller Feste wieder ein Stück nähergerückt zu sein. Im November sind alle Geschenke besorgt und natürlich verpackt. Im Dezember wird jeder Tag zum Fest mit Kekse backen, Weihnachtslieder trällern und Freunde besuchen. Das Haus ist vollständig dekoriert – so stellt man sich wahrscheinlich den Partykeller des Weihnachtsmannes vor.

WEIHNACHTS-TYP C: DER BESINNLICHE
Eigentlich mögen Sie Weihnachten. Gegen das Fest haben Sie gar nichts. Nur dagegen, dass alles in eine absurde Hektik getaucht wird, kein Kopf kühl bleibt und man vor allem Unmengen von Zeug besorgen muss. Wäre es einfach nur eine besinnlich-ruhige Zeit, würden Sie es sogar lieben.

WEIHNACHTS-TYP D: DER ENTHUSIAST
Ihren Hang zum Dekorieren können Sie in der Vorweihnachtszeit endlich ausleben, ohne sich einschränken zu müssen. Sie wissen, welche Farbe im Trend ist und welche Gestalt der Christbaum dieses Jahr annehmen kann. Am liebsten hätten Sie noch einen zweiten. Knapp vor Ostern hat sich dann zum Glück auch wieder Ihr Konto beruhigt.

Nadel verpflichtet!

Auch wenn der Weihnachtsbaum viel mit dem Christentum zu tun hat, wird er nur allzu oft von unchristlichen Ausmaßen begleitet. Zum Beispiel dann, wenn der Baum zu hoch und der Raum zu niedrig ist. Und – angesichts des dicken Stammes und der kleinen Säge – die fatale Entscheidung gefällt wird, ihn oben statt unten zu beschneiden. Manchmal passiert es auch, dass man einfach zu spät dran ist und es keinen Baum mehr gibt. Dann kann auch die Tanne im Garten gefällt werden – möglichst im eigenen. Auch das birgt als vorweihnachtliches Spektakel einiges an Potenzial. Wer zu Weihnachten gerne Feuer fängt, stößt auch hier auf ungeahnte Möglichkeiten: Dazu muss nur der Baumständer auf wackeligen Beinen stehen, der Christbaum sich in eine Richtung neigen, die Nadeln trocken sein und die Kerzen tropfen – schon ist es passiert. Wer Weihnachten doch lieber unter einen guten Stern stellen möchte, macht sich rechtzeitig ein paar Gedanken.

Objekt der Begierde

Die Weihnachtsbaum-Produzenten sind nahe daran, den absolut perfekten Weihnachtsbaum zu erschaffen. Das war keine leichte Aufgabe, denn die Anforderungen an den Baum, der eines der schönsten Feste im Jahr begleiten soll, sind hoch: Gerade soll er gewachsen sein, mit regelmäßigen Astreihen und von schönem, sattem Grün. Die Nadeln darf er natürlich auch nicht verlieren. Die Nordmanntanne kommt diesen Vorstellungen noch am nächsten. Sie hat eine schöne, regelmäßige Form und dichte, kräftig grüne Nadeln. Fast jeder zweite Christbaum ist mittlerweile eine Nordmanntanne. Im Beliebtheits-Ranking folgt auf Platz zwei die Fichte. Auch wenn ihr der Ruf vorauseilt, die liebe Familie mit Vorliebe zu stechen, ihr Duft ist einfach bestechend. Für ihr Durchhaltevermögen in warmen Räumen ist neben der Nordmanntanne auch die Nobilistanne berühmt. Und für alle, die das Extravagante lieben, eignet sich die Coloradotanne. Keine Bange, sie muss nicht extra aus den USA importiert werden, sie wächst auch bei uns.

Dass Christbäume ein kleines Wunderwerk der Natur sind, macht allein schon ihr Farbspektrum erkenntlich. Es reicht von sattem Dunkelgrün (Nordmanntanne), hellem Grün (Koreatanne), Blaugrün (Nobilistanne) bis zu Blau und Hellblau (Blautanne). So kann man den Baum passend zum Weihnachtsschmuck aussuchen. Oder umgekehrt.

Topf oder Tragen

Ein Weihnachtsbaum mit Wurzelballen hat meistens drei gute Gründe, Einlass ins weihnachtliche Wohnzimmer zu finden. Erstens: Man hat einen Garten und will ihn, nachdem er seine Pflicht als Weihnachtsbaum erfüllt hat, dort einsetzen. Zweitens: Man erwartet von ihm höchste Haltbarkeit. Schließlich steckt er ja noch in der Erde. Drittens: Man gehört zu jenen, die auf Nummer sicher gehen und ein Malheur unter allen Umständen vermeiden möchten. Ein Baum im Topf fällt nicht so leicht um.

Frisch kaufen

Hier ein paar handfeste Test, die zeigen, ob Ihr Baum frisch ist – auch wenn sich der Christbaumverkäufer zu wundern beginnt:

- Schütteltest: Den Baum kräftig schütteln. Ein frischer Baum verliert keine Nadeln.
- Kratztest: Ein Stückchen Rinde abkratzen. Das Holz eines frischen Baums ist darunter noch feucht. (Besser nicht vor den Augen des Verkäufers!)
- Streichtest: Von innen nach außen über die Nadeln streichen. Ein frischer Baum behält seine Nadeln.
- Beim Kauf darauf achten, dass es ein heimischer Baum ist. Durch die kurzen Transportwege sind heimische Christbäume länger frisch und behalten bis lange nach Weihnachten ihre Nadeln.
- Noch mehr Tipps und gute Adressen unter www.weihnachtsbaum.at

Baum mit Mondphasenschnitt?

„Der Mondphasenschnitt alleine bewirkt nichts", heißt es von Profis, die sich in Sachen Christbäume auskennen und schon lange im Geschäft sind. Sie haben getüftelt und probiert und sind zu folgendem Ergebnis gekommen: Damit Bäume ihre Nadeln nicht fallen lassen, dürfen sie erst nach dem dritten Frost geschnitten werden. Also: Bis drei zählen, wenn es frostig ist, und dann abschneiden!

Bio beim Baum

Wer will, kann auch bei der Wahl des Weihnachtsbaumes sein umweltfreundliches Gesicht wahren. Denn einige Christbaum-Produzenten setzen alles daran, auf den Einsatz von Herbiziden und Pestiziden zu verzichten. Eine gute Hilfe dabei ist das Shropshire-Schaf, das gerne als Alternative zu herkömmlichen Pflanzenschutzmitteln ins Rennen geschickt wird. Diese Schafe lieben es, den Begleitwuchs der Christbäume abzuknabbern. Und der Mist, den sie hinterlassen, dient als natürliche Düngung. Mehr Pflanzabstand zwischen den Bäumen trägt dazu bei, Pilzerkrankungen zu vermeiden. Und Mischkulturen, also verschiedene Tannenarten in einem Wald voller Christbäume, sind die beste Alternative zu schädlingsanfälligen Monokulturen. Also: Wer sich bei der Wahl seines Baumes aus einer Kultur keine grauen Haare wachsen lassen will, achtet darauf, wie die Bäume aufwachsen.

Frisch halten

Eine kleine Frischzellenkur für Ihren Christbaum:

- Christbaum bis zum Weihnachtsfest kühl aufbewahren.
- Je kühler der Raum ist, in dem der Baum aufgestellt wird, desto länger ist die Haltbarkeit der Nadeln.
- Das Christbaumnetz immer nur von unten nach oben öffnen.
- Christbaum am Stammende vor dem Aufstellen ca. 2 bis 4 cm beschneiden.
- Ein wassergefüllter Christbaumständer hält den Baum länger frisch. Immer darauf achten, dass genügend Wasser im Behälter ist. Ein Baum benötigt je nach Zimmertemperatur 2 bis 4 Liter Wasser am Tag.
- Den Baum auch regelmäßig mit einem Wasserzerstäuber besprühen, damit die Nadeln leicht feucht sind.
- Lebende Christbäume nicht länger als 8 bis 10 Tage in einem beheizten Raum stehen lassen.

Auch der Weihnachtsbaum hat eine Geschichte

Wann zum ersten Mal ein Christbaum aufgestellt wurde, lässt sich nicht so leicht sagen. Den Brauch, der sich aus den Ritualen verschiedenster Kulturen zusammengesetzt hat, gibt es allerdings schon lange. Immergrüne Pflanzen symbolisieren Lebenskraft, Hoffnung auf die Wiederkehr des Frühlings und Schutz gegen Geister. So wurde in Ägypten die Palme verehrt, den Kelten war die Eiche heilig, und die Römer verzierten ihre Häuser mit Lorbeerzweigen.
Im Mittelalter wurde am Heiligen Abend in der Kirche der „Paradiesvogel" aufgeführt. Dabei wurde gezeigt, wie Adam und Eva die Sünde in die Welt gebracht haben, indem man an einen grünen Baum den berühmten roten Apfel hängte. Im Laufe der Zeit kamen Nüsse, Bäckereien und Süßigkeiten dazu. Die durften am 6. Januar vernascht werden.
Der erste historische Beleg für einen Christbaum stammt aus dem Jahr 1419. Die Gilde der Bäcker in Freiburg hatte einen Baum aufgestellt, den die Kinder plündern durften. 1611 zierten nach einer Idee der Herzogin Dorothea Sybille von Schlesien erstmals Kerzen den Baum. Um 1830 verwendete man die ersten Kugeln zum Aufputzen des Weihnachtsbaumes.

Schmuckstück

Er steht in der Mitte des Raumes und das zu Recht: der Weihnachtsbaum. Noch bevor er zum Glanzstück des Festes wird, macht er schon eine stattliche Figur. Sein grünes Nadelkleid duftet, seine Äste stehen stramm, als hätten sie extra dafür trainiert, um möglichst große Portionen weihnachtlicher Dekoration zu tragen. Und damit ihre Besitzer – und sich selbst natürlich auch – zum Strahlen zu bringen.

Welchen Glanz der geschmückte Baum dem Weihnachtsfest verleiht, hängt ganz vom individuellen Gefühlszustand ab. Manche bleiben ihrem Stil über Jahre treu. Da erzählen Weihnachtskugeln ihre ganz eigenen Geschichten, da hängen Erinnerungen an den Zweigen und sind weit mehr als bloßer Christbaumschmuck. Meine Großmutter schmückte den Baum sogar mit kleinen Knackwürsten – für ihre Hunde. Dieser Brauch wird nicht unbedingt salonfähig werden, doch scheint es so, als würden Weihnachtsbäume auch Modetrends unterliegen und jedes Jahr in ein neues Outfit gekleidet werden. Warum auch nicht. Zu Weihnachten ist alles erlaubt, Toleranz ist ein Teil des Festes, ein wichtiger noch dazu. Wer also Lust hat, etwas Neues auszuprobieren, lässt sich von Kugeln & Co auf den folgenden Seiten inspirieren.

Eines sollte man dabei nicht aus den Augen verlieren: Der Christbaum ist ja schon ein kleines Wunder für sich. Ihn zu schmücken, ist eine Opfergabe an die Natur. Ihm alle Ehre zu erweisen, ist Ehrensache. Sich dabei treu zu bleiben, ebenso.

Wissen Sie, woher das Wort Lametta stammt?

Es kommt aus dem Italienischen, ist eine Verkleinerungsform zu „lama" und bedeutet „Metallblatt". Dünn und flach ausgewalzte Fäden aus Zinn oder Aluminium („Silberpapier"), in Reih und Glied aneinandergereiht, bringen den Christbaum zum Glitzern.

Botschaften am Baum

Gerade zu Weihnachten ist es doch so: Alles glitzert und glänzt und man denkt nicht weiter darüber nach. Aber man kann. Denn Christbaum-Schmuck hat eine lange Geschichte, die nicht viele kennen. Die aber viel zu erzählen hat.

Apfel – das Paradies

Der Apfel ist die Frucht aus dem Garten Eden und soll am Weihnachtsbaum ans Paradies und an das Paradiesische des Weihnachtsfests erinnern. Eine alte Geschichte verspricht: Isst ein Mädchen am ersten Weihnachtstag in der Tür stehend einen Apfel, so wird der erste Bursch, der vorbeikommt, ihr Freier.

Weihnachtskugel – die Vollendung

Die perfekte Form der Kugel steht für Vollkommenheit und Göttlichkeit. Als Form ohne Anfang und Ende symbolisiert die Weihnachtskugel Ewigkeit.

Nuss – göttlicher Ratgeber

Nüsse sind verschlossen und oft schwer zu knacken. In ihnen steckt das Dunkle und Rätselhafte. Sie stehen für Gottes Ratschluss. Vergoldet wirken sie strahlend und festlich.

Geschenk – Hingabe

Schon in früheren Zeiten hängte man Geschenkpäckchen an den Baum. Sie sollen an die Gaben der Weisen aus dem Morgenland erinnern. Und stehen für Hingabe und Nächstenliebe.

Tannenzapfen – Fruchtbarkeit

Die Früchte des Tannenbaums sind ein Zeichen für Fruchtbarkeit. Gleichzeitig stehen sie für Jungfräulichkeit und damit auch für die Jungfrau Maria.

Fisch – Lebendigkeit

Fische sind seit jeher das Symbol für Wasser, Leben und Fruchtbarkeit. Am Christbaum erzählen sie die biblische Geschichte, in der Jesus ganze Volksscharen mit nur wenigen Fischen sättigte.

Marienkäfer – Himmelsbotschafter

Ihnen sagt man eine himmlische Herkunft nach, was auch ihr zweiter Name verrät: Herrgottskäfer. Sie bringen nach altem Glauben frohe Botschaften vom Himmel.

Herz – Liebkosung

Die Botschaft ist klar und auf der ganzen Welt verständlich: Liebe. Herzen am Baum sind eine Liebeserklärung an den Betrachter, sie stehen für Lust, Freude und Lebenskraft.

Trompete – Nachrichtensprecher

Aus Posaunen, den Instrumenten der Engel, wurden Trompeten für den Weihnachtsbaum. Da früher die Nachrichten auf dem Marktplatz verlesen wurden, nachdem die Boten die Menschen mit Trompetensignalen gerufen hatten, signalisieren sie auch gute Neuigkeiten. Außerdem erinnern sie an den alten Brauch, böse Geister mit Lärm und Getöse auszutreiben.

Sterne – Hoffnungsträger

Sie finden ihren Platz am Christbaum als Symbole der Hoffnung auf ein gütiges Schicksal. Strohsterne erinnern daran, dass das Christkind auf Stroh in der Krippe lag. Der Stern auf der Spitze lässt an die Geschichte von den Hirten von Bethlehem denken.

Engel – Spitzenreiter

Früher wussten die Menschen nur zu gut, wie wichtig Engel sind. Ohne die himmlischen Geschöpfe liefe fast nichts auf dieser Welt. Sie waren Vermittler zwischen göttlicher und menschlicher Sphäre. Zu Weihnachten lassen sie sich mit Vorliebe auf dem Christbaum nieder. Und begegnen uns als zauberhafte Wesen oder thronen ernst und mächtig auf den Ästen. Einige von ihnen haben es sogar bis an die Spitze geschafft.

Glocken – Jubelruf

Glocken rufen, jubeln und erinnern. Sie verkünden eine frohe Botschaft: Es ist Bescherung! Was würde das Christkind nur ohne Glocke machen? Hängen sie am Baum, sollen sie vor Gefahren warnen. Und sie sind auch als Unglücksverhüter gedacht.

(Quelle: Johann Wanners Weihnachtswelt)

Mit der ersten
Weihnachtskugel entscheidet
man über den Stil des Baumes, legt
fest, welcher Zauber von ihm ausgeht und
welche Geschichte er erzählen soll. Er wird
zum Statement für den eigenen Geschmack.
Baum zeichnen, kopieren, ausschneiden
und an den persönlichen
Musterbaum hängen.

Glanz-Lichter

Weihnachtskugeln in Weiß,
Silber und Chrom.
Mit einem Tupfer Farbe.

Natur-Bursch

Von der Natur inspiriert.
Jedes ein Einzelstück.
Pur und unverfälscht. Frohe Weihnachten!

Schau-Spiel

Kunterbunt – hier ist alles erlaubt, was gefällt.
Immer wieder zeigt sich etwas Neues,
das es zu entdecken gilt.

Wunsch-Kandidat

Geben Sie Ihrem Baum ein Thema, das Ihnen am
Herzen liegt. Und dekorieren Sie ihn danach.
Zum Beispiel: Kaiserin Sisi. Verdi.
Oder ein Pop-Sänger nach Ihrem Geschmack.

Tipps zum Schmücken

Blick-Fang

Beim Schmücken immer die äußeren und die inneren Äste dekorieren. So bekommt der Baum Tiefe und wirkt abwechslungsreich und dicht.

Kunst-Werk

Damit ein Baum auch mit wenig Schmuck zur Geltung kommt, kann man dekorative Gruppen beim Dekorieren bilden.

Stil-Mittel

Mit unterschiedlichen Gegenständen in verschiedenen Größen und Längen dekorieren. Und dabei in einer Farbpalette bleiben, zum Beispiel in Weiß, Silber und Chrom.

Schön-Geist

Befestigt man mehrere Kugeln an einem Band, lassen sich auch Abstände zwischen den Zweigen wirkungsvoll verdecken.

Schein-Werfer

Eine grundsätzliche Regel beim Schmücken lautet: Nach oben hin sollte der Baum immer heller werden.

„Meine Lieblingsgeschichte zu Weihnachten"

Der Tannenbaum

HANS CHRISTIAN ANDERSEN

Draußen im Walde stand ein niedlicher, kleiner Tannenbaum; er hatte einen guten Platz, Sonne konnte er bekommen, Luft war genug da, und ringsumher wuchsen viel größere Kameraden, sowohl Tannen als Fichten. Aber dem kleinen Tannenbaum schien nichts so wichtig wie das Wachsen; er achtete nicht der warmen Sonne und der frischen Luft, er kümmerte sich nicht um die Bauernkinder, die da gingen und plauderten, wenn sie herausgekommen waren, um Erdbeeren und Himbeeren zu sammeln. Oft kamen sie mit einem ganzen Topf voll oder hatten Erdbeeren auf einen Strohhalm gezogen, dann setzten sie sich neben den kleinen Tannenbaum und sagten: „Wie niedlich klein ist der!" Das mochte der Baum gar nicht hören.

Im folgenden Jahre war er ein langes Glied größer, und das Jahr darauf war er um noch eins länger, denn bei den Tannenbäumen kann man immer an den vielen Gliedern, die sie haben, sehen, wie viele Jahre sie gewachsen sind.

„Oh, wäre ich doch so ein großer Baum wie die andern!" seufzte das kleine Bäumchen. „Dann könnte ich meine Zweige so weit umher ausbreiten und mit der Krone in die Welt hinausblicken! Die Vögel würden dann Nester zwischen meinen Zweigen bauen, und wenn der Wind weht, könnte ich so vornehm nicken, gerade wie die andern dort!"

Er hatte gar keine Freude am Sonnenschein, an den Vögeln und den roten Wolken, die morgens und abends über ihn hinsegelten.

War es nun Winter und der Schnee lag ringsumher funkelnd weiß, so kam häufig ein Hase angesprungen und setzte gerade über den kleinen Baum weg. Oh, das war ärgerlich! Aber zwei Winter vergingen, und im

dritten war das Bäumchen so groß, dass der Hase um es herumlaufen musste. „Oh, wachsen, wachsen, groß und alt werden, das ist doch das einzige Schöne in dieser Welt!“ dachte der Baum.

Im Herbst kamen immer Holzhauer und fällten einige der größten Bäume; das geschah jedes Jahr, und dem jungen Tannenbaum, der nun ganz gut gewachsen war, schauderte dabei; denn die großen, prächtigen Bäume fielen mit Knacken und Krachen zur Erde, die Zweige wurden abgehauen, die Bäume sahen ganz nackt, lang und schmal aus; sie waren fast nicht zu erkennen. Aber dann wurden sie auf Wagen gelegt, und Pferde zogen sie davon, aus dem Walde hinaus.

Wohin sollten sie? Was stand ihnen bevor?

Im Frühjahr, als die Schwalben und Störche kamen, fragte sie der Baum: „Wisst ihr nicht, wohin sie geführt wurden? Seid ihr ihnen begegnet?“

Die Schwalben wussten nichts, aber der Storch sah nachdenkend aus, nickte mit dem Kopfe und sagte: „Ja, ich glaube wohl; mir begegneten viele neue Schiffe, als ich aus Ägypten flog; auf den Schiffen waren prächtige Mastbäume; ich darf annehmen, dass sie es waren, sie hatten Tannengeruch; ich kann vielmals von ihnen grüßen, sie sind schön und stolz!“

„Oh, wäre ich doch auch groß genug, um über das Meer hinfahren zu können! Was ist das eigentlich, dieses Meer, und wie sieht es aus?“

„Ja, das ist viel zu weitläufig zu erklären!“ sagte der Storch, und damit ging er.

„Freue dich deiner Jugend,“ sagten die Sonnenstrahlen; „freue dich deines frischen Wachstums, des jungen Lebens, das in dir ist!“

Und der Wind küsste den Baum, und der Tau weinte Tränen über ihn, aber das verstand der Tannenbaum nicht.

Wenn es gegen die Weihnachtszeit war, wurden ganz junge Bäume gefällt, Bäume, die oft nicht einmal so groß oder gleichen Alters mit diesem Tannenbäume waren, der weder Rast noch Ruhe hatte, sondern immer davon wollte; diese jungen Bäume, und es waren gerade die allerschönsten, behielten immer alle ihre Zweige; sie wurden auf Wagen gelegt, und Pferde zogen sie zum Walde hinaus.

„Wohin sollen diese?“ fragte der Tannenbaum. „Sie sind nicht größer als ich, einer ist sogar viel kleiner; weswegen behalten sie alle ihre Zweige? Wohin fahren sie?“

„Das wissen wir! Das wissen wir!“ zwitscherten die Meisen. „Unten in der Stadt haben wir in die Fenster gesehen! Wir wissen, wohin sie fahren! Oh, sie gelangen zur größten Pracht und Herrlichkeit, die man sich denken kann! Wir haben in die Fenster gesehen und erblickt, dass sie mitten in der warmen Stube aufgepflanzt und mit den schönsten Sachen, vergoldeten Äpfeln, Honigkuchen, Spielzeug, und vielen hundert Lichtern geschmückt werden.“

„Und dann?“ fragte der Tannenbaum und bebte in allen Zweigen. „Und dann? Was geschieht dann?“ „Ja, mehr haben wir nicht gesehen! Das war unvergleichlich schön!“

„Ob ich wohl bestimmt bin, diesen strahlenden Weg zu betreten?“ jubelte der Tannenbaum. „Das ist noch besser als über das Meer zu ziehen! Wie leide ich an Sehnsucht! Wäre es doch Weihnachten! Nun bin ich hoch und entfaltet wie die andern, die im vorigen Jahre davon geführt wurden! Oh, wäre ich erst auf dem Wagen, wäre ich doch in der warmen Stube mit all der Pracht und Herrlichkeit! Und dann? Ja, dann kommt noch etwas Besseres, noch Schöneres, warum würden sie mich sonst so schmücken? Es muss noch etwas Größeres, Herrlicheres kommen! Aber was? Oh, ich leide, ich sehne mich, ich weiß selbst nicht, wie mir ist!“

„Freue dich unser!“ sagten die Luft und das Sonnenlicht; „freue dich deiner frischen Jugend im Freien!“

Aber er freute sich durchaus nicht; er wuchs und wuchs, Winter und Sommer stand er grün; dunkelgrün stand er da, die Leute, die ihn sahen, sagten: „Das ist ein schöner Baum!“ und zur Weihnachtszeit wurde er von allen zuerst gefällt. Die Axt hieb tief durch das Mark; der Baum fiel mit einem Seufzer zu Boden, er fühlte einen Schmerz, eine Ohnmacht, er konnte gar nicht an irgendein Glück denken, er war betrübt, von der Heimat scheiden zu müssen, von dem Flecke, auf dem er emporgeschossen war; er wusste ja, dass er die lieben, alten Kameraden, die kleinen Büsche und Blumen ringsumher nie mehr sehen werde, ja vielleicht nicht einmal die Vögel. Die Abreise hatte durchaus nichts Behagliches.

Der Baum kam erst wieder zu sich selbst, als er im Hofe mit andern Bäumen abgeladen wurde und einen Mann sagen hörte: „Dieser hier ist prächtig! Wir wollen nur den!“

Nun kamen zwei Diener im vollen Staat und trugen den Tannenbaum in einen großen, schönen Saal. Ringsherum an den Wänden hingen Bilder, und bei dem großen Kachelofen standen große chinesische Vasen mit Löwen auf den Deckeln; da waren Wiegestühle, seidene Sofas, große Tische voll von Bilderbüchern und Spielzeug für hundertmal hundert Taler; wenigstens sagten das die Kinder. Der Tannenbaum wurde in ein großes, mit Sand gefälltes Fass gestellt, aber niemand konnte sehen, dass es ein Fass war, denn es wurde rundherum mit grünem Zeug behängt und stand auf einem großen, bunten Teppich. Oh, wie der Baum bebte! Was würde da wohl vorgehen? Sowohl die Diener als die Fräulein schmückten ihn. An einen Zweig hängten sie kleine, aus farbigem Papier ausgeschnittene Netze, und jedes Netz war mit Zuckerwerk gefüllt. Vergoldete Äpfel und Walnüsse hingen herab, als wären sie festgewachsen, und über hundert rote, blaue und weiße kleine

Lichter wurden in den Zweigen festgesteckt. Puppen, die leibhaft wie die Menschen aussahen – der Baum hatte früher nie solche gesehen –, schwebten im Grünen, und hoch oben in der Spitze wurde ein Stern von Flittergold befestigt. Das war prächtig, ganz außerordentlich prächtig!
„Heute Abend", sagten alle, „heute Abend wird er strahlen!" und sie waren außer sich vor Freude.
„Oh," dachte der Baum, „wäre es doch Abend! Würden nur die Lichter bald angezündet! Und was dann wohl geschieht? Ob da wohl Bäume aus dem Walde kommen, mich zu sehen? Ob die Meisen gegen die Fensterscheiben fliegen? Ob ich hier festwachse und Winter und Sommer geschmückt stehen werde?"
Ja, er wusste gut Bescheid; aber er hatte ordentlich Borkenschmerzen vor lauter Sehnsucht, und Borkenschmerzen sind für einen Baum ebenso schlimm wie Kopfschmerzen für uns andere.
Nun wurden die Lichter angezündet. Welcher Glanz, welche Pracht! Der Baum bebte in allen Zweigen dabei, so dass eins der Lichter das Grüne anbrannte; es sengte ordentlich.
„Gott bewahre uns!" schrien die Fräulein und löschten es hastig aus.
Nun durfte der Baum nicht einmal beben. Oh, das war ein Grauen! Ihm war bange, etwas von seinem Staate zu verlieren; er war ganz betäubt von all dem Glanze. Da gingen beide Flügeltüren auf, und eine Menge Kinder stürzte herein, als wollten sie den ganzen Baum umwerfen, die älteren Leute kamen bedächtig nach; die Kleinen standen ganz stumm, aber nur einen Augenblick, dann jubelten sie wieder, dass es laut schallte; sie tanzten um den Baum herum, und ein Geschenk nach dem andern wurde abgepflückt und verteilt.
„Was machen sie?" dachte der Baum. „Was soll geschehen?" Die Lichter brannten gerade bis auf die Zweige herunter, und je nachdem sie nieder brannten, wurden sie ausgelöscht, und dann erhielten die Kinder die Erlaubnis, den Baum zu plündern. Sie stürzten auf ihn zu, dass es in allen

Zweigen knackte; wäre er nicht mit der Spitze und mit dem Goldstern an der Decke festgemacht gewesen, so wäre er umgefallen.

Die Kinder tanzten mit ihrem prächtigen Spielzeug herum, niemand sah nach dem Baume, ausgenommen das alte Kindermädchen, das zwischen die Zweige blickte; aber es geschah nur, um zu sehen, ob nicht noch eine Feige oder ein Apfel vergessen sei.

„Eine Geschichte, eine Geschichte!" riefen die Kinder und zogen einen kleinen, dicken Mann gegen den Baum hin, und er setzte sich gerade unter ihn, „denn so sind wir im Grünen", sagte er, „und der Baum kann besonders Nutzen davon haben, zuzuhören! Aber ich erzähle nur eine Geschichte. Wollt ihr die von Ivede-Avede oder die von Klumpe-Dumpe hören, der die Treppen hinunterfiel und doch erhöht wurde und die Prinzessin bekam?"

„Ivede-Avede!" schrien einige, „Klumpe-Dumpe!" schrien andere. Das war ein Rufen! Nur der Tannenbaum schwieg ganz still und dachte: „Komme ich gar nicht mit, werde ich nichts dabei zu tun haben?" Er hatte ja geleistet, was er sollte.

Der Mann erzählte von Klumpe-Dumpe, der die Treppen hinunterfiel und doch erhöht wurde und die Prinzessin bekam. Und die Kinder klatschten in die Hände und riefen: „Erzähle, erzähle!" Sie wollten auch die Geschichte von Ivede-Avede hören, aber sie bekamen nur die von Klumpe-Dumpe. Der Tannenbaum stand ganz stumm und gedankenvoll, nie hatten die Vögel im Walde dergleichen erzählt. Klumpe-Dumpe fiel die Treppen hinunter und bekam doch die Prinzessin! „Ja, ja, so geht es in der Welt zu!" dachte der Tannenbaum und glaubte, dass es wahr sei, weil ein so netter Mann es erzählt hatte. „Ja, ja! Vielleicht falle ich auch die Treppe hinunter und bekomme eine Prinzessin!" Und er freute sich, den nächsten Tag wieder mit Lichtern und Spielzeug, Gold und Früchten und dem Stern von Flittergold aufgeputzt zu werden. „Morgen werde ich nicht zittern!" dachte er. „Ich will mich recht aller meiner Herrlichkeit freuen. Morgen werde ich wieder die Geschichte von Klumpe-Dumpe und vielleicht auch die von Ivede-Avede hören." Und der Baum stand die ganze Nacht still und gedankenvoll.

Am Morgen kamen die Diener und das Mädchen herein.

„Nun beginnt der Staat aufs neue!" dachte der Baum; aber sie schleppten ihn zum Zimmer hinaus, die Treppe hinauf, auf den Boden und stellten ihn in einen dunklen Winkel, wohin kein Tageslicht schien. „Was soll das bedeuten?" dachte der Baum. „Was soll ich hier wohl machen? Was mag ich hier wohl hören sollen?" Er lehnte sich gegen die Mauer und dachte und dachte. Und er hatte Zeit genug, denn es vergingen Tage und Nächte; niemand kam herauf, und als endlich jemand kam, so geschah es, um einige große Kasten in den Winkel zu stellen; der Baum stand ganz versteckt, man musste glauben, dass er ganz vergessen war.

„Nun ist es Winter draußen!" dachte der Baum. Die Erde ist hart und mit Schnee bedeckt, die Menschen können mich nicht pflanzen; deshalb soll ich wohl bis zum Frühjahr hier im Schutz stehen! Wie wohlbedacht ist das! Wie die Menschen doch so gut sind! Wäre es hier nur nicht so dunkel und schrecklich einsam! Nicht einmal ein kleiner Hase! Das war doch niedlich da draußen im Walde, wenn der Schnee lag und der Hase vorbeisprang, ja selbst als er über mich hinwegsprang; aber damals mochte ich es nicht leiden. Hier oben ist es doch schrecklich einsam!"

„Piep, piep!" sagte da eine kleine Maus und huschte hervor; und dann kam noch eine kleine. Sie beschnüffelten den Tannenbaum, und dann schlüpften sie zwischen seine Zweige.

„Es ist eine gräuliche Kälte!" sagten die kleinen Mäuse. „Sonst ist hier gut sein; nicht wahr, du alter Tannenbaum?"

„Ich bin gar nicht alt!" sagte der Tannenbaum; „es gibt viele, die weit älter sind denn ich!"

„Woher kommst du?" fragten die Mäuse, „und was weißt du?" Sie waren gewaltig neugierig. „Erzähle uns doch von den schönsten Orten auf

Erden! Bist du dort gewesen? Bist du in der Speisekammer gewesen, wo Käse auf den Brettern liegen und Schinken unter der Decke hängen, wo man auf Talglicht tanzt, mager hineingeht und fett herauskommt?"

„Das kenne ich nicht", sagte der Baum; „aber den Wald kenne ich, wo die Sonne scheint und die Vögel singen!" Und dann erzählte er alles aus seiner Jugend. Die kleinen Mäuse hatten früher nie dergleichen gehört, sie horchten auf und sagten: „Wie viel du gesehen hast! Wie glücklich du gewesen bist!"

„Ich?" sagte der Tannenbaum und dachte über das, was er selbst erzählte, nach. „Ja, es waren im Grunde ganz fröhliche Zeiten!" Aber dann erzählte er vom Weihnachtsabend, wo er mit Zuckerwerk und Lichtern geschmückt war.

„Oh", sagten die kleinen Mäuse, „wie glücklich du gewesen bist, du alter Tannenbaum!"

„Ich bin gar nicht alt!" sagte der Baum; „erst in diesem Winter bin ich aus dem Walde gekommen! Ich bin in meinem allerbesten Alter, ich bin nur so aufgeschossen."

„Wie schön du erzählst!" sagten die kleinen Mäuse, und in der nächsten Nacht kamen sie mit vier anderen kleinen Mäusen, die den Baum erzählen hören sollten, und je mehr er erzählte, desto deutlicher erinnerte er sich selbst an alles und dachte: Es waren doch ganz fröhliche Zeiten! Aber sie können wiederkommen, können wiederkommen! Klumpe-Dumpe fiel die Treppe hinunter und bekam doch die Prinzessin; vielleicht kann ich auch eine Prinzessin bekommen. Und dann dachte der Tannenbaum an eine kleine, niedliche Birke, die draußen im Walde wuchs; das war für den Tannenbaum eine wirkliche, schöne Prinzessin.

„Wer ist Klumpe-Dumpe?" fragten die kleinen Mäuse. Da erzählte der Tannenbaum das ganze Märchen, er konnte sich jedes einzelnen Wortes entsinnen; die kleinen Mäuse sprangen aus reiner Freude bis an die Spitze des Baumes. In der folgenden Nacht kamen weit mehr Mäuse und am Sonntage sogar zwei Ratten, aber die meinten, die Geschichte sei nicht hübsch, und das betrübte die kleinen Mäuse, denn nun hielten sie auch weniger davon.

„Wissen Sie nur die eine Geschichte?" fragten die Ratten.

„Nur die eine", antwortete der Baum; „die hörte ich an meinem glücklichsten Abend, aber damals dachte ich nicht daran, wie glücklich ich war."

„Das ist eine höchst jämmerliche Geschichte! Kennen Sie keine von Speck und Talglicht? Keine Speisekammergeschichte?"

„Nein!" sagte der Baum. „Ja, dann danken wir dafür!" erwiderten die Ratten und gingen zu den Ihrigen zurück.

Die kleinen Mäuse blieben zuletzt auch weg, und da seufzte der Baum: „Es war doch ganz hübsch, als sie um mich herumsaßen, die beweglichen kleinen Mäuse, und zuhörten, wie ich erzählte! Nun ist auch das vorbei! Aber ich werde gerne daran denken, wenn ich wieder hervorgenommen werde."

Aber wann geschah das? Ja, es war eines Morgens, da kamen Leute und wirtschafteten auf dem Boden; die Kasten wurden weggesetzt, der Baum wurde hervorgezogen; sie warfen ihn freilich ziemlich hart gegen den Fußboden, aber ein Diener schleppte ihn gleich nach der Treppe hin, wo der Tag leuchtete.

„Nun beginnt das Leben wieder!" dachte der Baum; er fühlte die frische Luft, die ersten Sonnenstrahlen, und nun war er draußen im Hofe. Alles ging geschwind, der Baum vergaß völlig, sich selbst zu betrachten, da war so vieles ringsumher zu sehen. Der Hof stieß an einen Garten, und alles blühte darin; die Rosen hingen frisch und duftend über das kleine Gitter hinaus, die Lindenbäume blühten, und die Schwalben flogen umher und sagten: „Quirrevirrevit, mein Mann ist kommen!" Aber es war nicht der Tannenbaum, den sie meinten.

„Nun werde ich leben!" jubelte der und breitete seine Zweige weit aus;

aber ach, die waren alle vertrocknet und gelb; und er lag da zwischen Unkraut und Nesseln. Der Stern von Goldpapier saß noch oben in der Spitze und glänzte im hellen Sonnenschein.

Im Hofe selbst spielten ein paar der munteren Kinder, die zur Weihnachtszeit den Baum umtanzt hatten und so froh über ihn gewesen waren. Eins der kleinsten lief hin und riss den Goldstern ab.

„Sieh, was da noch an dem hässlichen, alten Tannenbaum sitzt!" sagte es und trat auf die Zweige, so dass sie unter seinen Stiefeln knackten.

Der Baum sah auf all die Blumenpracht und Frische im Garten, er betrachtete sich selbst und wünschte, dass er in seinem dunklen Winkel auf dem Boden geblieben wäre; er gedachte seiner frischen Jugend im Walde, des lustigen Weihnachtsabends und der kleinen Mäuse, die so munter die Geschichte von Klumpe-Dumpe angehört hatten.

„Vorbei, vorbei!" sagte der arme Baum. „Hätte ich mich doch gefreut, als ich es noch konnte! Vorbei, vorbei!"

Der Diener kam und hieb den Baum in kleine Stücke, ein ganzes Bund lag da; hell flackerte es auf unter dem großen Braukessel. Der Baum seufzte tief, und jeder Seufzer war einem kleinen Schusse gleich; deshalb liefen die Kinder, die da spielten, herbei und setzten sich vor das Feuer, blickten hinein und riefen: „Piff, paff!" Aber bei jedem Knalle, der ein tiefer Seufzer war, dachte der Baum an einen Sommerabend im Walde oder an eine Winternacht da draußen, wenn die Sterne funkelten; er dachte an den Weihnachtsabend und an Klumpe-Dumpe, das einzige Märchen, das er gehört hatte und zu erzählen wusste - und dann war der Baum verbrannt.

Die Knaben spielten im Garten, und der kleinste hatte den Goldstern auf der Brust, den der Baum an seinem glücklichsten Abend getragen hatte. Nun war der vorbei, und mit dem Baum war es vorbei und mit der Geschichte auch; vorbei, vorbei.

Und so geht es mit allen Geschichten!

Jakob

Pauli
Alfred

Ihr Kinderlein kommet

TEXT: CHRISTOPH VON SCHMID
MELODIE: FRANZ XAVER LUFT

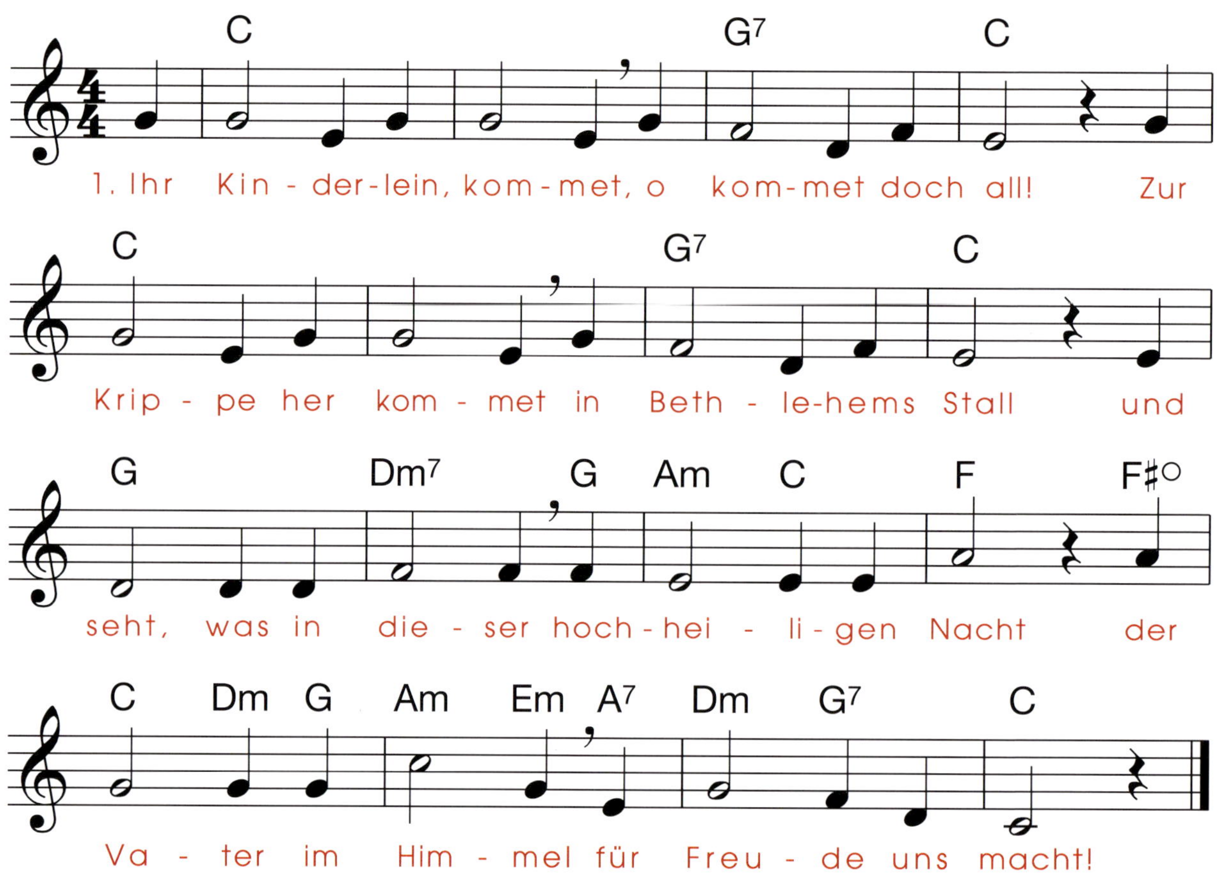

2. O seht in der Krippe im nächtlichen Stall,
seht hier bei des Lichtleins hell glänzendem Strahl
den lieblichen Knaben, das himmlische Kind,
viel schöner und holder als Engel sind!

3. Da liegt es, das Kindlein, auf Heu und auf Stroh,
Maria und Josef betrachten es froh.
Die redlichen Hirten knien betend davor,
hoch oben schwebt jubelnd der Engelein Chor.

4. Manch Hirtenkind trägt wohl mit freudigem Sinn
Milch, Butter und Honig nach Betlehem hin;
ein Körblein voll Früchte, das purpurrot glänzt,
ein schneeweißes Lämmchen mit Blumen bekränzt.

5. O betet: Du liebes, Du göttliches Kind
was leidest Du alles für unsere Sünd'!
Ach hier in der Krippe schon Armut und Not,
am Kreuze dort gar noch den bitteren Tod.

6. O beugt wie die Hirten anbetend die Knie,
erhebet die Händlein und danket wie sie!
Stimmt freudig, ihr Kinder, wer sollt sich nicht freun,
stimmt freudig zum Jubel der Engel mit ein!

Wunsch-Denken

Manchmal ist es besser zu geben als zu nehmen. Weihnachten ist eine gute Gelegenheit, um das zu üben. Dabei das richtige Geschenk zu finden, ist gar nicht so einfach. Zumindest nicht in unseren Breitengraden, wo wir doch schon alles haben. Weltfrieden? Gerechtigkeit für alle? Geld in Hülle und Fülle?

Wie findet man das ideale Geschenk? Da gibt es kein Rezept. Schließlich verändern wir uns ständig und auch unsere Beziehungen zueinander sind in Veränderung. Und trotzdem: Schenken und Beschenkt werden haben große Bedeutung. Beides zeigt Zuwendung und Liebe. Ein Geschenk sollte daher auch Ausdruck dieser Beziehung, dieser Zuneigung sein. Wer schenkt und dabei gar nicht an den Beschenkten denkt, der kann mit einem Geschenk viel anrichten. Ja, sogar verletzen. Zeit mit dem anderen zu verbringen, in Kontakt sein, zuhören, und wer will, kann sich sogar das Jahr über kleine Notizen machen, was die Wunschliste des anderen betrifft. Sie müssen die schwierige Eigenschaft beherrschen, sich in den anderen einzufühlen – das geht nur durch ständiges Fine-Tuning. Also immer dranbleiben, sich immer wieder mit der Persönlichkeit des anderen beschäftigen. Und dann liebevoll aussuchen.

Wer aber sagt, dass Geschenke nur für kleine Kinder sind, vergisst die Freude, die man mit einem Geschenk bereiten kann, wenn man genau das Richtige erwischt. Denn das gehört nun einmal zu Weihnachten: Geschenke. Päckchen aufmachen. Sich überraschen lassen. Und freuen. Gilt auch für Erwachsene.

Auspacken: Die neue Langsamkeit
Simultanes Geschenkeaufreißen ist schrecklich. Bestes Mittel, um den Marathon zu stoppen: das Stille-Post-Prinzip. Der Jüngste darf mit dem Auspacken beginnen und schenkt danach ein Päckchen an den nächsten weiter. Und so fort. Und alle schauen zu und haben ihre Freude daran.

Geschenke-Allergie?

Darf man beschließen, einander nichts mehr zu schenken? Natürlich macht es wenig Sinn, sich gegenseitig Geschenke zu machen, wenn man, wie viele Paare, aus demselben finanziellen Topf lebt. Trotzdem gibt es nichts Unromantischeres als Paare, die sich nichts mehr schenken, „weil man schon alles hat“ oder „weil man den Konsumterror satt hat“. Es gibt nichts Schöneres, als den anderen überraschen und ihm eine Freude bereiten zu wollen. Da kommt es auf die Größe des Geschenks wirklich nicht an.

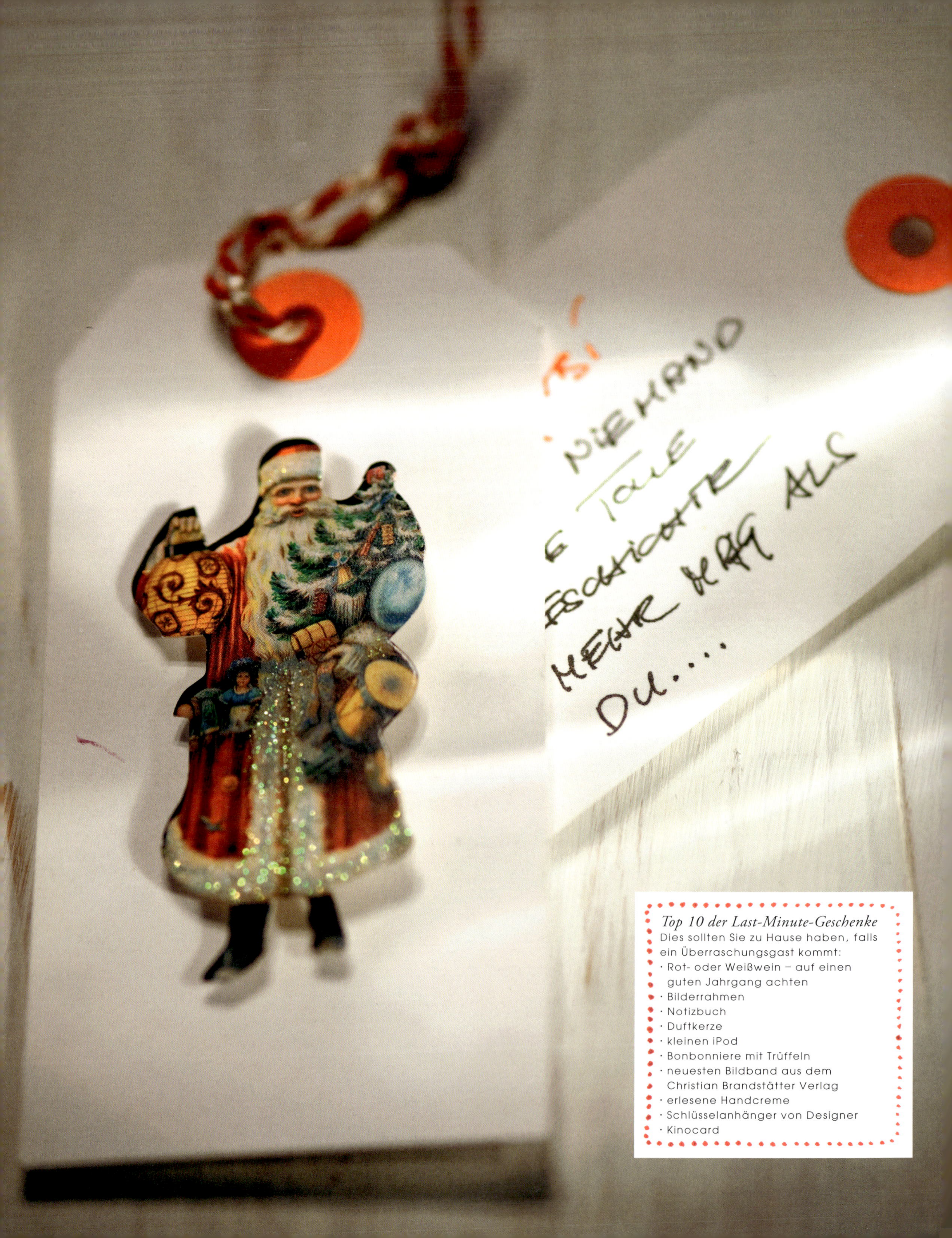

Top 10 der Last-Minute-Geschenke

Dies sollten Sie zu Hause haben, falls ein Überraschungsgast kommt:

- Rot- oder Weißwein – auf einen guten Jahrgang achten
- Bilderrahmen
- Notizbuch
- Duftkerze
- kleinen iPod
- Bonbonniere mit Trüffeln
- neuesten Bildband aus dem Christian Brandstätter Verlag
- erlesene Handcreme
- Schlüsselanhänger von Designer
- Kinocard

Does

- Mit Verpackung. Wir wollen ja nicht mit der Türe ins Haus fallen.
- Unbedingt eine Geschenk-Idee haben. Falls einem gar nichts Richtiges einfällt, sollte es zumindest witzig sein.
- Altersgerecht schenken!
- Falls es zum sofortigen Ausprobieren notwendig ist: Batterien mitschenken.
- 40 Prozent der Geschenke sind Lebensmittel! Dabei auf Ablaufdatum und Lagerung achten.
- Mit handgeschriebenen Grußkärtchen versehen.
- Selbstgebasteltes, aber nur, wenn der Schenker unter 12 Jahre alt ist.
- Das Geschenk wenn möglich persönlich überreichen, und zwar mit fester Umarmung.

Don'ts

- Preisschild dranlassen. Auch wenn es sehr teuer war, ist es peinlich.
- Nicht typgerecht ausgewählt, z. B. Designerhanteln für Couchpotatoes
- „Wanderpokal" – also Geschenke, die bereits die Runde gemacht haben. Nichts verschenken, was man selbst geschenkt bekommen hat.
- Geschenke, die meist nur einmal im Jahr benützt werden und die sowieso jeder zu Hause hat. Zum Beispiel: Tisch-Griller, Fondue-Set oder andere platzeinnehmende Küchengeräte
- Applikationen von Simpson, Rentier, Santa Claus & Co auf Pizzaschneider, Trinkbecher, Krawatte oder gar Haube. Keiner braucht dies.
- Porzellanpuppen oder Keramikhände zur Schmuckaufbewahrung. Wenn ja, dann nur mit einem Ring oder Ohrgehänge verschenken.
- Ein Korb voller Miniatur Kosmetika. Besser ist ein großer Tiegel der Lieblingsmarke.
- Gutscheine jeglicher Art.
- Kleidung verschenken, wenn man die Größe nicht weiß. Kann fatale Folgen haben.
- Ein Geschenk für die Kinder aus Erziehungsprinzipien ablehnen.
- Geld zu verschenken, ist ein absolutes No Go.

Etiketten zum Kopieren

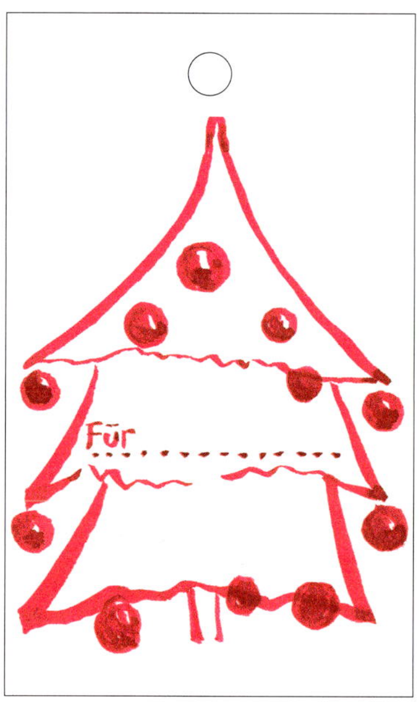

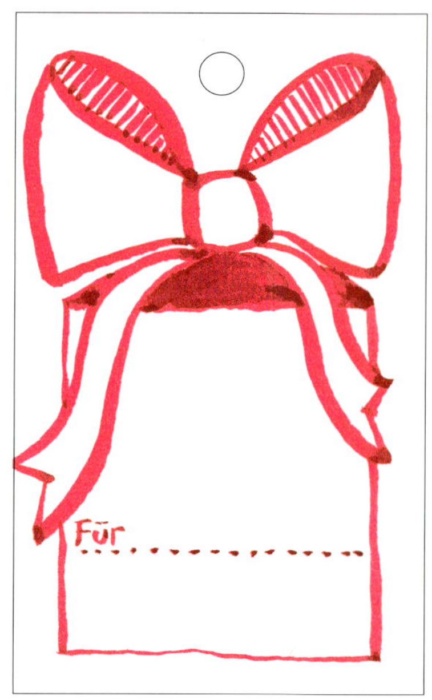

Für

Für

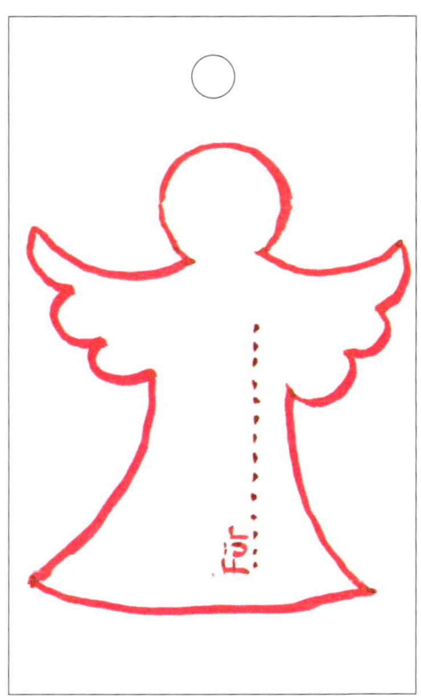
Für

Für

Unseren Nachbarn abgeschaut

- Strümpfe über dem Kamin: England
- Wunderkerzen oder Sternspritzer: China (haben zwar keinen Christbaum, aber sie sind die Erfinder der Feuerwerkskörper)
- Heiße Maroni: Frankreich
- Weihnachtsgans: England
- Truthahn: Amerika
- Krippe: Italien
- Santa Claus: Amerika

Rund um den Globus

Weihnachten wird rund um den Globus gefeiert und – logischerweise – auf ganz unterschiedliche Arten. In vielen Ländern fällt Weihnachten in die Sommermonate , da gibt es natürlich keine verschneiten Landschaften. Der Weihnachtsmann kommt in Badehose, die Geschenke auf dem Surfbrett. Oder er landet mit dem Helikopter am Strand, wie es in Brasilien der Fall ist. In New Mexico ersetzt ein Regenbogen aus buntem Seidenpapier den Tannenbaum. Das wäre für uns wahrscheinlich sehr gewöhnungsbedürftig. Genauso wie die Vorstellung, dass auf den Philippinen das Weihnachtsfest bereits am 16. Dezember eingeläutet wird. Am 24. wird gemeinsam gesungen und getanzt und gefeiert. Doch das dicke Ende kommt erst: Die Kinder müssen bis 6. Januar ausharren, bis sie endlich ihre Geschenke bekommen. Unvorstellbar in unseren Breitengraden! Wie heißt es so schön: andere Länder, andere Sitten.

Orthodoxgläubige

In folgenden Ländern begeht man Weihnachten als Feiertag am 7. Januar: Ägypten, Äthiopien, Eritrea, Kirgistan, Mazedonien, Moldau, Russische Föderation, Serbien, Montenegro, Ukraine, Weißrussland.

Juden

Channukka (Hannuka) ist das jüdische Lichterfest. Es beginnt am 25. Tag des Monates Kislew, dauert acht Tage und ist ein Familienfest. Bis auf die Jahreszeit hat es mit unserem Weihnachten nichts zu tun. Trotzdem haben sich beide Bräuche etwas angenähert, wie zum Beispiel die Bescherung und das Anzünden der Kerzen.

Italien

Panetone:
Ein Germkuchen mit Mandeln oder Rosinen. Ich liebe die hübschen Verpackungen.

Die Geburt Christi wird auch in Italien am 25. Dezember gefeiert. Statt eines Weihnachtsbaumes steht in den Wohnzimmern der Häuser eine prachtvolle Krippe.

England

In der Nacht vor dem eigentlichen Weihnachtstag kommt der Weihnachtsmann und stopft die Geschenke in die vor dem Kamin aufgehängten Strümpfe. Papierhütchen und Knallbonbons begleiten den Truthahn und den Plumpudding. Höhepunkt ist die Ansprache der Queen. Wirklich gefeiert wird am 25. morgens. (Falls der Weihnachtsmann nicht im Kamin feststeckt: „Santa Claus Got Stuck In My Chimney", gesungen von Ella Fitzgerald.)

Boxing Day: So nennt man den 2. Weihnachtsfeiertag in England, Kanada und vielen weiteren Ländern. Am 26. Dezember (bei uns heißt er Stephanitag), dem Boxing Day, besucht man Freunde und lässt es sich gut gehen. Der Name leitet sich von den milden Gaben der Vorfahren an diesem Tag ab. So öffnete man früher am zweiten Weihnachtstag die Almosendosen (boxes) in der Kirche und gab sie den Bedürftigen. Aber auch die Dienstboten erhielten am Boxing Day ihre Weihnachtsgratifikation.

Skandinavien

Beim Julfest in Dänemark, Norwegen, Finnland und Schweden wird nicht nur die Geburt Christi gefeiert, sondern auch, dass endlich die Tage wieder länger werden. Am 24. 12. gibt es ein großes Weihnachtsessen. In Schweden und Finnland ist außerdem ein Saunabesuch Tradition. Die Geschenke bringt meist der Weihnachtsmann. Früher waren es die Kobolde Tomtebisse, Tomte und Nisse, die mit einem Rentierschlitten durch die Luft fuhren.

Spanien

Weihnachten ist eine Fiesta und dauert 12 Tage. Mit Musik, Tanz und Umzügen wird bis zum 6. 1. gefeiert. Am Heiligen Abend gibt es ein großes Festessen, meist in der Familie. Danach wird die „Urne des Schicksals" auf den Tisch gestellt. Sie ist mit vielen kleinen Geschenken, aber auch mit Nieten gefüllt. Die eigentliche Bescherung findet erst am 6. Januar statt.

Alles wartet auf „den Dicken" (El Gordo):
Ganz Spanien hält für einen Moment den Atem an. Zwei Millionen Euro stehen auf dem Spiel. Gebannt starrt man zu Hause oder in den Bars auf die Fernseher oder hört Radio, wenn die Jungen und Mädchen des Madrider Colegio de San Ildefonso die Gewinnzahlen und die dazugehörigen Summen singen. Der „Dicke" ist nicht etwa der Weihnachtsmann, sondern der Hauptgewinn (zwei Millionen Euro) in der spanischen Weihnachtslotterie. Schon im Frühjahr kann man die Lose kaufen, und so manche Familie setzt einen halben Monatsverdienst dafür aufs Spiel. 96 Prozent der Spanier sollen am Ziehungstag ein Los besitzen, und mehr als 50 Euro im Jahr gibt jeder Spanier für Losbeteiligungen aus. Zahlreiche Legenden und Geschichten ranken sich um die glücklichen Gewinner und besonders gerne kauft man die Lose dort, wo bereits einer der Gewinner zuvor sein Glück versucht hat.

Russland

In Russland warten die Kinder auf „Väterchen Frost", der in der Silvesternacht die Geschenke bringt. Er wird von seiner Gehilfin Schneeflöckchen unterstützt. Die beiden kommen im Pferdeschlitten – sie haben Schimmel vorgespannt.

Griechenland

In Griechenland ziehen die Kinder am 24. Dezember mit Glöckchen und Trommeln von Haus zu Haus, singen und musizieren. Vom 24. 12. bis zum 6. 1. brennen überall Weihnachtsfeuer, die vor den „Kalikanzari", kleinen Kobolden, schützen sollen. Geschenke gibt es erst am 1. Januar: Der heilige Basilius legt sie den Kindern nachts leise vors Bett.

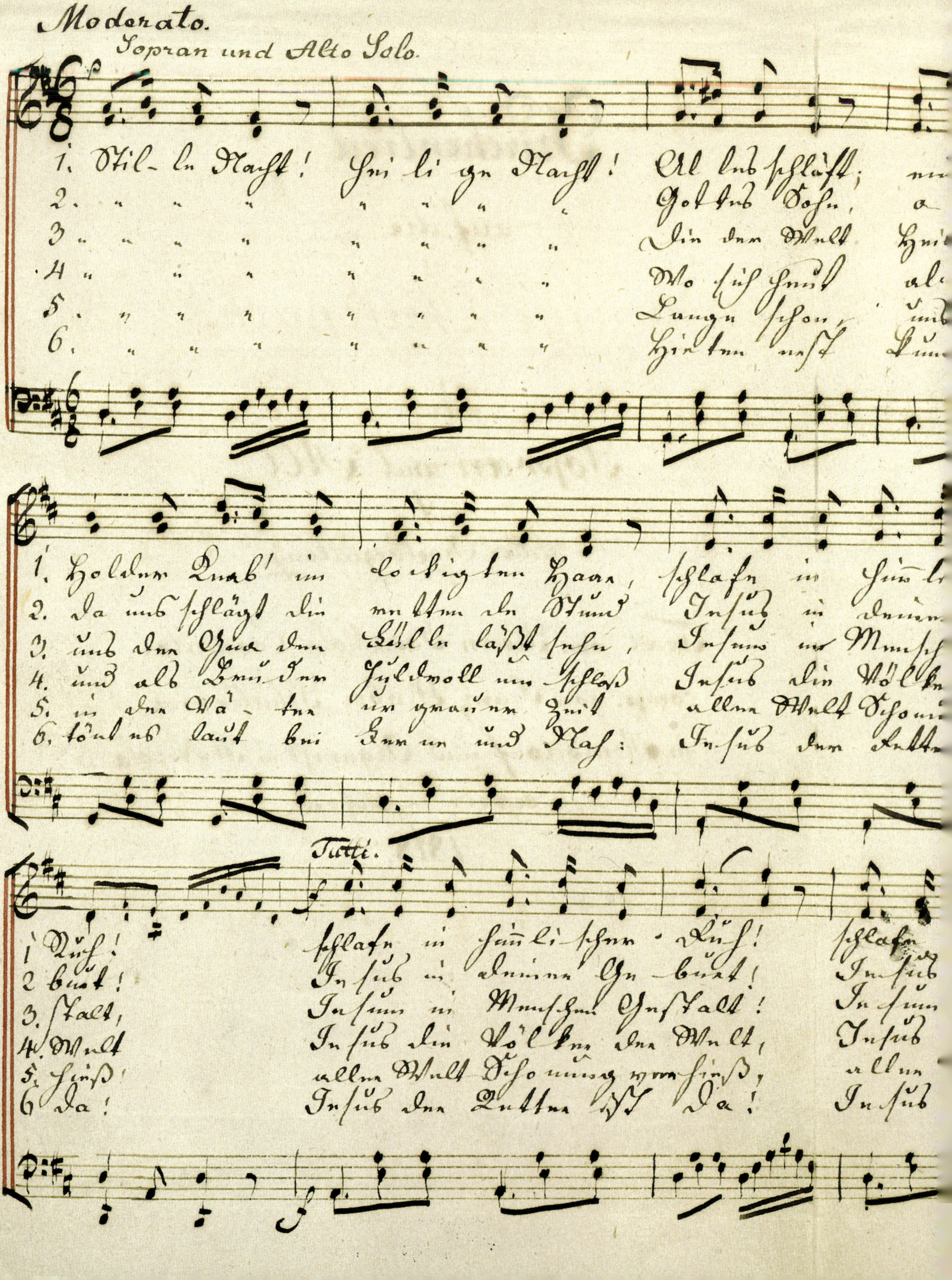
Moderato.
Sopran und Alto Solo
1. Stil-le Nacht! Hei-li-ge Nacht! Alles schläft;
2. Gottes Sohn,
3. Die der Welt
4. Wo sich heut
5. Lange schon
6. Hirten erst
1. Holder Knab' im lockigten Haar, schlafe in himml
2. Da uns schlägt die rettende Stund' Jesus in deinem
3. Und der Gnade der Fülle läßt sehn, Jesum in Mensch
4. und als Brüder huldvoll umschloß Jesus die Völker
5. in der Väter urgrauen Zeit aller Welt Schon
6. tönt es laut bei Ferne und Nah: Jesus der Retter
1 Ruh! 2 burt! 3. stalt, 4. Welt 5. hieß 6 da!
Tutti.
schlafe in himmlischer Ruh!
Jesus in deiner Geburt!
Jesum in Menschengestalt!
Jesus die Völker der Welt,
aller Welt Schonung verhieß,
Jesus der Retter ist da!

Gute Noten

Für die hochgepriesene stille Jahreszeit gibt es wenig Stilles. Zumindest, was die Musik betrifft. Das bekommt man zu spüren, wenn man viel unterwegs ist: In jedem Geschäft wird Jingles Bells geträllert, gefolgt von Last Christmas. Oder war es umgekehrt? Ohren zu und durch! Oder man setzt sich seine Kopfhörer auf und spielt genau die Musik ab, die einen in die gewünschte Stimmung versetzt, während man im Trubel unterwegs ist. Das führt zu einem ganz anderen Klangerlebnis. Vor allem mit klassischer Musik oder romantischer Filmmusik. Da kommt man in den eigenen Rhythmus – während alle anderen an einem vorbeihetzen. Himmlisch!

Seit 1818 gibt es eine „Stille Nacht"

„Es war am 24. Dezember des Jahres 1818, als der damalige Hilfspriester Herr Joseph Mohr bei der neu errichteten Pfarre St. Nicola in Oberndorf dem Organistendienst vertretenden Franz Gruber (damals zugleich auch Schullehrer in Arnsdorf) ein Gedicht überreichte, mit dem Ansuchen eine hierauf passende Melodie für 2 Solostimmen sammt Chor und für eine Guitarre-Begleitung schreiben zu wollen", so beschrieb Franz Xaver Gruber am 30. Dezember 1854 in der „Authentischen Veranlassung" die Entstehungsgeschichte des Weihnachtsliedes „Stille Nacht! Heilige Nacht!". Gruber überreichte noch am 24. Dezember 1818 dem musikkundigen Mohr seine Komposition. Da diesem das Lied gefiel, wurde es im Rahmen der Christmette gesungen. Mohr sang Tenor und übernahm die Begleitung mit der Gitarre, Gruber sang Bass. Das Lied fand bei der Oberndorfer Bevölkerung (hauptsächlich Salzachschiffer und Schiffbauer) „allgemeinen Beifall".

Stille Nacht

TEXT: JOSEPH MOHR, 1816

MELODIE (KOMPOSITION): FRANZ XAVER GRUBER, 1818

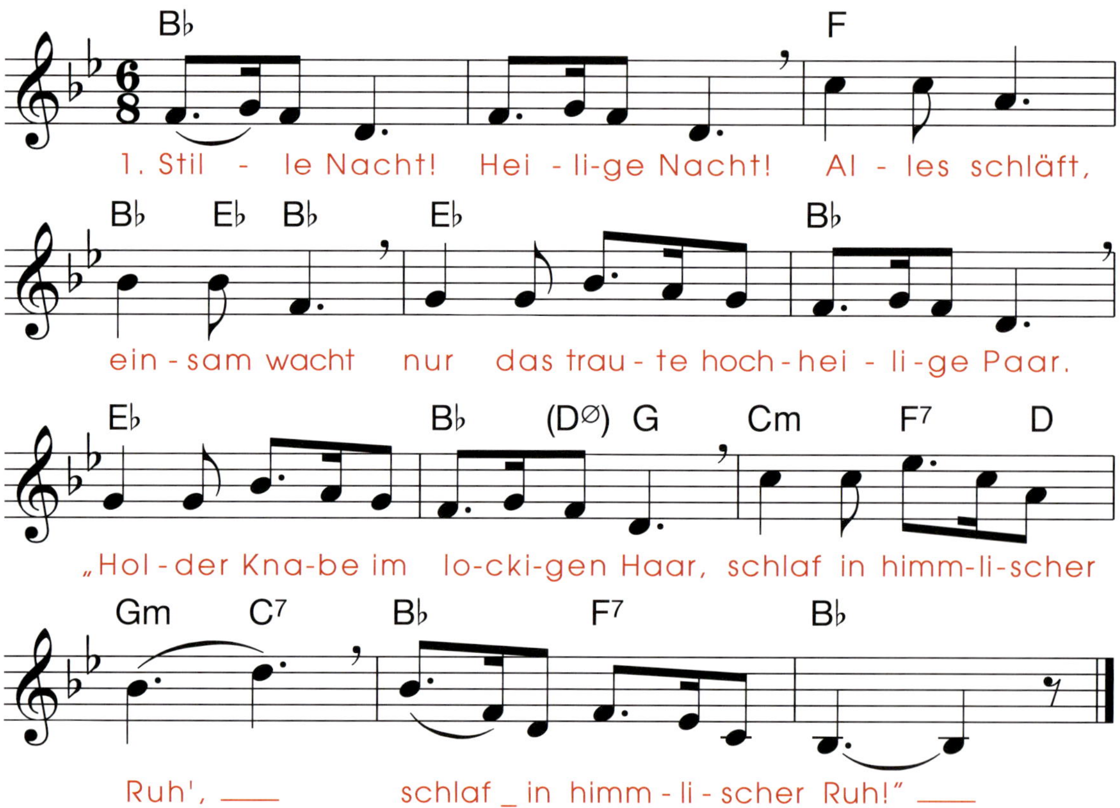

2. Stille Nacht! Heilige Nacht!
Gottes Sohn! O! wie lacht
Lieb' aus deinem göttlichen Mund,
Da uns schlägt die rettende Stund'.
Jesus! in deiner Geburt!
Jesus! in deiner Geburt!

3. Stille Nacht! Heilige Nacht!
Die der Welt Heil gebracht,
Aus des Himmels goldenen Höh'n
Uns der Gnade Fülle läßt seh'n
Jesum in Menschengestalt!
Jesum in Menschengestalt

4. Stille Nacht! Heilige Nacht!
Wo sich heut alle Macht
Väterlicher Liebe ergoß
Und als Bruder huldvoll umschloß
Jesus die Völker der Welt!
Jesus die Völker der Welt!

5. Stille Nacht! Heilige Nacht!
Lange schon uns bedacht,
Als der Herr vom Grimme befreyt,
In der Väter urgrauer Zeit
Aller Welt Schonung verhieß!
Aller Welt Schonung verhieß

6. Stille Nacht! Heilige Nacht!
Hirten erst kundgemacht
Durch der Engel „Halleluja!"
Tönt es laut bey Ferne und Nah:
„Jesus der Retter ist da!"
„Jesus der Retter ist da!"

Meine Lieblings CDs, die nie aus der Mode kommen:

Elvis Presleys Christmas Duets

Christmas with the Beach Boys

A Jolly Christmas from Frank Sinatra

Christmas with Dino, Dean Martin

The Christmas Song von Nat King Cole

Christmas with the Rat Pack

Songs for Christmas von Ella Fitzgerald

Songs, ohne die kein Weihnachten stattfindet, die jedes Jahr aufs Neue nerven:

Wham!: **Last Christmas**

Chris Rea: **Driving Home for Christmas**

John Lennon: **Happy X-Mas**

Queen: **Thank God it's Christmas**

Mariah Carey: **All I want for Christmas is you**

Band Aid: **Do they know it's Christmas**

José Feliciano: **Feliz Navidad**

Bing Crosby: **White Christmas**

Weihnachtliche Chorwerke:

Weihnachtsoratorium von Johann Sebastian Bach

Der Messias von Georg Friedrich Händel
(der 1. Teil handelt von Weihnachten)

O Nata Lux und **O Magnum Mysterium** von Morten Lauridsen

Lasset uns frohlocken und **Frohlocket ihr Völker auf Erden**
von Felix Mendelssohn Bartholdy

Nun komm, der Heiden Heiland von Johann Sebastian Bach

Es ist ein Ros entsprungen von Michael Praetorius

What sweeter music von John Rutter

Weihnachtsoratorium von Camille Saint-Saëns

Wer Ballett mag: **Der Nussknacker** von Tschaikowsky
– ein absoluter Weihnachtshit!

Opern und andere größere Werke:

Hänsel und Gretel von Engelbert Humperdinck

Werther von Jules Massenet – der Kinderchor singt Noel

Ludus de nato Infante mirificus Weihnachtsspiel von Carl Orff

Die Weihnachtsgeschichte von Hugo Distler

10 weihnachtliche Lieder zum Mitsingen:

- In dulci jubilo
- Adeste fideles
- Oh du fröhliche
- Stille Nacht! Heilige Nacht!
- Jingle Bells
- Vom Himmel hoch, da komm ich her
- Kommet, ihr Hirten
- Child in a manger
- Maria durch ein Dornwald ging
- Hark, the herald angels sing

A MERRY

Weihnachten und andere Katastrophen

Der Tannenbaum steht in Flammen, die Tante, die nur alle heiligen Zeiten einmal auf Besuch kommt, zettelt einen handfesten Krach an und statt Weihnachtsgans gibt es kalte Platte. Der 24. Dezember hat seinem Ruf als idealer Tag für häusliche Katastrophen längst alle Ehre gemacht. Leider leben wir nicht in Trier. Denn in dem kleinen Städtchen, angeblich das älteste Deutschlands, wurde eine eigene Weihnachtsakademie gegründet. Sie bietet die Möglichkeit, sich auf Weihnachten und seine Katastrophen vorzubereiten. Dort werden Familien auf Harmonie getrimmt, vergessene Weihnachtslieder einstudiert und Mütter lernen, Geschichten spannend vorzulesen. Hier einige meiner Fauxpas, um nicht in die gleiche Falle zu tappen, sondern diese geschickt zu umgehen.

Adress-Wirrwarr

Ich habe einmal in der Hitze des Gefechtes persönlich adressierte Weihnachtsgrüße beim Kuvertieren vertauscht.

Verräterisches Schild

Ups: Das Preisschild hängt noch an dem Geschenk.

Getrübte Freude

Schöne Bescherung nach der Bescherung: Die Freude über elektrisches Kinderspielzeug oder ferngesteuerte Gadgets ist groß, aber der Batterievorrat ist leer.

Surprise!

Ein Überraschungsgast kommt und Sie haben kein zusätzliches Tisch-Kärtchen, keinen Cracker, kein extra Gänseleberstück?

Fünf Dinge, die am Heiligen Abend griffbereit sein sollten:

- Notrufnummer der Feuerwehr (Euronotrufnummer 112)
- Eimer mit Wasser
- feuerfestes Tuch (zum Abdecken)
- Feuerlöscher
- Relax-Tropfen

Schöne Bescherung

- Der Christbaum passt nicht in den dazugehörigen Ständer.
- Der Baum ist viel zu groß geraten und stößt an der Zimmerdecke an. Als er noch im Netz steckte, hat er gar nicht so riesig ausgesehen. Um keine bösen Überraschungen zu erleben, den Baum immer im offenen Zustand aussuchen.
- Den Baum über Nacht nicht im Regen oder Schnee stehen lassen, die Nadeln könnten einfrieren.

Zündstoff

Die Tischordnung will gut überlegt sein, so beugen Sie familiären Streitereien vor.

Geschmackssache

Unangenehm: Wenn einer Ihrer Gäste eingeschworener Vegetarier ist und sich vor einem Berg Fleischfondue wiederfindet.

Übung macht den Meister

Und Meister haben meist weniger Stress. Probieren Sie daher keine neuen Gerichte aus. Weihnachten sollte stressfrei sein.

Fehlgriff

Kleber und Geschenkpapier sind ausgegangen.

Wärmstens zu empfehlen

Haben Sie genug Heizmaterial gebunkert? Uns ist es schon einmal passiert, dass das Öl ausgegangen ist. Und bis man jemanden zu den Feiertagen erwischt, das kann dauern.

Engpass

Das „Kleine Schwarze“ passt nicht mehr. Und außer Jeans ist nichts in der Reisetasche? Checken Sie Ihr Outfit, bevor Sie auf Weihnachtsurlaub fahren.

Liebkind

Habe mein Lieblingskleid in der Reinigung vergessen und diese war natürlich über die Feiertage geschlossen.

Geldautomat

Bargeld als Geschenk – in Ermangelung von Ideen oder Zeit – empfinde ich als No Go.

Sendepause

Texten während des Essens am Heiligen Abend – auch wenn es klammheimlich unter dem Tisch geschieht: Liebe Teenies, gönnt Eurem Smartphone eine wohlverdiente Pause.

Flaschenpost

Zu viel Alkohol erwischt? Decken Sie sich mit Aspirin & Co ein.

Warnzeichen

Falsche Signale beim Schenken aussenden: Frauen nur ja nichts schenken, was im Leisesten an Haushaltsgeräte erinnern könnte. Und bei Männern von Krawatten und Rasierwasser absehen! Da muss einem doch etwas Besseres einfallen.

Zehn Tipps, wie man seine gute Laune auch zu Weihnachten behält

1. Nicht alles perfekt machen wollen

Perfektionismus kann sich zum großen Stressfaktor auswachsen. Tipp: Sich schon im Vorfeld damit abfinden, dass nicht alles rund laufen kann. Und die hohen Ansprüche zumindest etwas reduzieren. Das hilft ungemein.

2. Sich nicht zu viel vornehmen

Der Tag hat nur 24 Stunden, das ist auch zu Weihnachten nicht anders. Ein paar davon sollte man schlafen. Tipp: sich helfen lassen, Dinge weglassen oder auslagern. Kekse Backen ist fein, aber wenn es sich nicht ausgeht, die Oma, die Nachbarin oder die Freundin bitten oder einfach gute kaufen.

3. Nicht zu viel erwarten

Es verläuft ja bei Familientreffen auch nicht immer alles harmonisch. Warum dann gerade am Vierundzwanzigsten? Tipp: Die großen romantischen Erwartungen etwas herunterschrauben: Es schneit, wir haben es gemütlich, sitzen mit unseren Lieben im Kerzenschein zusammen, erfüllt von Liebe und Geborgenheit. Auch wenn Weihnachten ist – realistisch bleiben.

4.
Zu viel zusammenhocken – irgendwann nervt auch das

Tipp: Instant-Hilfe ist, die aufgestaute Energie wieder herauszulassen. Also frische Luft schnappen, einen langen Winterspaziergang machen oder eine Schneeballschlacht veranstalten.

5.
Zu Weihnachten denkt man viel an die anderen

Wem man womit eine Freude bereiten könnte. Sich selbst sollte man dabei auch nicht vergessen. Tipp: sich selbst etwas Gutes tun. Zum Beispiel bevor es ganz stressig wird, kurz aus dem Trubel aussteigen, sich massieren lassen, in eine Therme gehen. Oder einen Tag skifahren.

6.
Stimmungsmacher ins Spiel bringen

Badewanne, Duftkerzen, Musik auflegen. Musik hilft immer, sie kann einen ganz schnell in eine andere Stimmung versetzen.

Ein frohes
Weihnachtsfest

7.
Gutes Essen beruhigt und ist Nervennahrung

Sich etwas gönnen, auf das man schon lange Lust hatte. Kann ruhig ein paar Kalorien mehr haben.

8.
Alte Traditionen wieder einführen

Zum Beispiel Geschichtenerzählen. Da kann nur einer reden, die anderen hören zu. Das allein sorgt schon für Entspannung. Und: Geschichten sind nicht nur etwas für Kinder. Schön: Charles Dickens. Untauglich: pseudointellektuelle Sozialkritik.

9.
Einstimmen

In der Vorweihnachtszeit werden oft Gospel-Konzerte in Kirchen veranstaltet. Das hat etwas sehr Feierliches. Oder Theateraufführungen, wo Engel die Hauptrolle spielen und man sich über ihr gar nicht so engelhaftes Wesen amüsieren kann.

10.
Lachen

Am besten über sich selbst. Dann über die anderen. Und danach über die Situation, die einem gerade zu schaffen macht. Tipp: Sich selbst auszutricksen, ist da ganz einfach. Man braucht nur die Mundwinkel zu heben und schon hat man den Körper überlistet. Der glaubt, man hat es grad lustig, und lässt die Glückshormone los.

Fit for Kipferl

Sie wollen unbekümmert Vanillekipferl essen? Kein Problem! Hier einige meiner Lieblingsübungen, um die weihnachtlichen Genussattacken gut zu überstehen. Michael Bernhard, Fitnesstrainer, Tänzer und Choreograph, zeigt, wie es geht. Denn er macht dabei eindeutig die bessere Figur.
Alle Übungen sollen in 8er-Schritten vollzogen werden. Das heißt: Minimum ist acht Mal, für Fleißige sechzehn Mal, für sportlich Ambitionierte 24 Mal. Und so weiter. Die Skifahrer und Langläufer unter Ihnen werden den Erfolg auf der Piste spüren. Und die anderen können einfach mehr von den Vanillekipferln verzwicken.

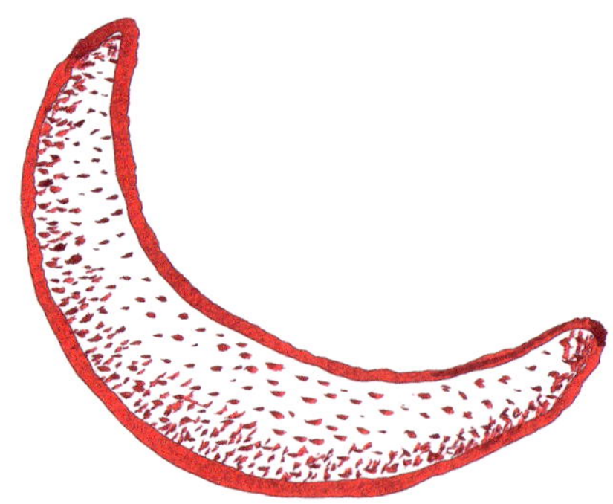

PO!

Einfach und sehr effektiv! Ausfallschritt, mit dem hinteren Knie tief hinunter. Arme seitlich strecken. Hinunter und hinauf bewegen. Bauch anspannen, das hilft, das Gleichgewicht zu halten. Nicht vergessen: Bein wechseln.

RÜCKEN!

Auf alle Vieren gehen. Linkes Bein und rechten Arm durchstrecken und abwechseln. Ist auch ein Gehirnhälftentraining.

REITERHOSEN!

Auf einem Bein stehen, Arme zur Seite strecken, mit dem anderen seitlich auf- und abwippen. Bein wechseln. Alternative: Bein hochziehen. Wenn Sie die Spannung im Standbein spüren, ist der Zweck erfüllt. Zum Stabilisieren Bauch anspannen. Brust raus!

„GUTE HALTUNG"!

Auf den Rücken legen, Knie anwinkeln, Po herauf- und herunterschieben. Mit einem Ball zwischen den Knien ist diese Übung effektiver. Stärkt die untere Rückenmuskulatur. Das kommt Ihnen bei der „Geschenke-Schlepperei" zugute.

BRUST UND DEKOLLETÉ!

Der „Frauenliegestütz", wie mein Mann immer sagt. Auf allen Vieren mit den Knien auf dem Boden. Wirbelsäule gestreckt hinunter und hinauf bewegen. Tut auch den Oberarmen gut!

GANZER KÖRPER!

Auf den Bauch legen, Ellenbogen aufstützen, Zehen aufstellen. Nabel einziehen, Po anspannen, in einer geraden Linie mit dem Oberkörper. Blick nach unten. Dazu „Christmas is all around" hören, aber in voller Länge!

TAILLE!

Seitlich hinlegen, auf dem Unterarm aufstützen, Knie anwinkeln und das obere Bein auf- und abbewegen. Ist gut für die „Reiterhosen". Auch hier gilt: Spannung halten.

X-Mas-Dresscode

Der Christbaum ist aufgeputzt, das Haus dekoriert, überall glitzert und glänzt und duftet es. Da sollte man selbst nicht aus dem Rahmen fallen. Stilvoll feiern – das drückt sich eben in vielen Kleinigkeiten aus. Und da gehört das eigene Erscheinungsbild dazu. Auch wenn das „Herumkugeln“ im Rentierpullover verlockend scheint – dafür ist später noch Zeit. Am Weihnachtsabend wäre es die falsche Botschaft. Zumindest keine sehr stilvolle.

Männer-Sache

- Auf alle Fälle geputzte Schuhe tragen. Wenn der Kirchenbesuch durch den Schnee führt, könnte ein zweites Paar feste Schuhe manch unangenehme Folgeerscheinung verhindern.

- Wenn es unbedingt sein muss, dann eben eine Krawatte mit Rentiermuster. Ich weiß, dass fast jeder Herr eine im Schrank hat. (Bitte liebe Damen, verschont in Zukunft unsere Herren mit solchen Geschenken.)

- Auch wenn der Anzug vom letzten Jahr noch trendig genug ist: besser die vorletzte Saison als zu eng.

- Ein Kerzen beleuchteter Raum kann sich aufheizen – trotz winterlicher Temperaturen empfiehlt sich keine allzu wärmende Garderobe.

- Saubere Fingernägel, gepflegte Hände! Hier gilt dasselbe wie bei den Damen.

- Bitte an diesem Abend keine neuen Hair-do's ausprobieren. Zu viel Gel in den Haaren kann die Suppe verderben.

- Ein guter Duft liegt in der Luft. Doch nicht vergessen: Die Menge macht das Gift!

Damen-Wahl

- Die goldene Regel: Das Outfit darf weder zu kurz noch zu knallig sein, noch zu viel Dekolleté zeigen.

- Das „Kleine Schwarze“ hat sich zum Synonym für stilvolle Kleider aller Art gemausert. Jetzt braucht es nur noch dem Anlass, dem Alter und der Figur angepasst zu werden.

- Mein ganz persönlicher Tipp für den Heiligen Abend: Nichts anziehen, was einengt oder zu sehr einschnürt. Gerade an diesem Abend braucht es Bewegungsfreiheit. Also Gummizug statt Gürtel.

- Am Weihnachtsabend über sich hinauswachsen – das geht ganz leicht: Schuhe mit ein bisschen Absatz machen immer eine gute Figur. Schließlich möchte man auf dem Weihnachtsfoto glänzend dastehen.

- Nicht nur den Baum und das Haus und den Tisch liebevoll schmücken. Auch sich selbst darf man zum Glänzen bringen. Eine gute Gelegenheit das schöne Geschenk vom letzten Jahr zur Geltung zu bringen.

- Zu diesem Anlass kann es schon einmal eine „gestylte“ Frisur sein. Gute Entspannungsübung und Einstimmung: zum Friseur gehen. So viel Zeit sollte sein.

- Da es zu dieser Jahreszeit kalt ist, empfehle ich, Strümpfe zu tragen. Und immer ein Paar in Reserve zu haben. Bei mir sind schon einige am Christbaum „verendet“.

- Manikürte Fingernägel: Beim Überreichen der Geschenke kommen sie ins Blickfeld und sollen angenehm auffallen.

In Hochstimmung: Beautytipps

- Im Dezember gibt es – das weiß ich aus Erfahrung – einige stressige Tage. Genießen Sie daher die „normalen" umso mehr.

- Seien Sie cool und easy-going. Keiner will eine hysterische Mami, Ehefrau oder Freundin um sich haben.

- Trinken Sie viel Wasser, die Haut braucht Feuchtigkeit, auch von innen.

- Lachen Sie. Das hilft in jeder Situation.

- Gönnen Sie sich einen „Adventdickmacher" auf dem Weihnachtsmarkt. Das tut der Seele gut.

- In den Wintermonaten braucht die Haut reichhaltigere Cremen. Kümmern Sie sich rechtzeitig darum.

- Vergessen Sie nicht, auch die Ellenbogen einzucremen. Sie trocknen in der kalten Jahreszeit besonders schnell aus. Im ärmellosen „Kleinen Schwarzen" sieht ein schrumpeliger Ellenbogen nicht schön aus.

- Turnen Sie regelmäßig – Bewegung hilft gegen Stress! Und erlaubt Ihnen, ein Vanillekipferl mehr zu genießen.

- Essen Sie zusätzlich Vitamine! Meine liebste Frucht im Dezember ist der Granatapfel. Die roten Kerne einfach über den Salat streuen – so schmeckt jedes Grünzeug köstlich.

- Wenn keine Sonne scheint, macht sich Rouge auf den Wangen gut und lässt Ihr Gesicht strahlen.

- Gönnen Sie sich ein Vollbad und machen Sie dabei eine Verwöhnpackung für die Haare.

- Ich liebe Ingwertee, denn er schmeckt nicht nur gut, er tut auch gut. Er regt den Stoffwechsel an, entwässert und ist ein richtiger Wärmespender.

- Handcreme, Handcreme, Handcreme! Ich habe immer gleich mehrere: Eine in der Handtasche, im Auto, auf dem Schreibtisch ...

- Vergessen Sie nicht, Ihren Hals mit einzucremen. Auch wenn er sich die nächsten Wochen hinter Rollkrägen und Schals versteckt, braucht er viel Feuchtigkeit.

- In der kalten Jahreszeit springen die Lippen gerne. Mein Tipp: Die Kultsalbe „Eight Hour Creme“ von Arden. Ich habe sie immer in Griffnähe.

- Schwingen Sie die Hüften, wann immer das Lied „Last Christmas“ ertönt. Sie werden sehen, wie gelenkig Sie werden.

- Raus an die frische Luft, wann immer es möglich ist – ein echter Stimmungsmacher.

ELLA FITZGERALD - SONGS FOR CHRISTMAS
CHRISTMAS SONGS
CHRISTMAS RECITALS

X-Mas Party: Die Beine schwingen

Der Heilige Abend endet bei uns jedes Jahr im Discofieber. Zu später Stunde wird zu Barry White & Co ausgiebig getanzt, geshaked und geblödelt. Das macht wirklich Spaß!

Hier ein kleiner Auszug aus meiner ganz persönlichen „After Christmas Dance"–Playlist:

My Guy, Sister Sledge
Ain't No Stoppin' Us Now, Nate James
Spooky, Dusty Springfield
This is How We Do it, Montell Jordan
Teardrops, Womack & Womack
Hate it or Love it, 50 Cent
Stayin' Alive, Bee Gees
You make me Feel, Jimmy Somerville
Rock with you, Michael Jackson
Space Cowboy, Jamiroquai
The Way U Make me feel, Black Eyed Peas
Street Life, The Crusaders
Serenata Rap, Jovanotti
LOVE, Al Green
You Are The First, The Last, My Everything, Barry White

Johann Lafers Weihnachts-Rezepte

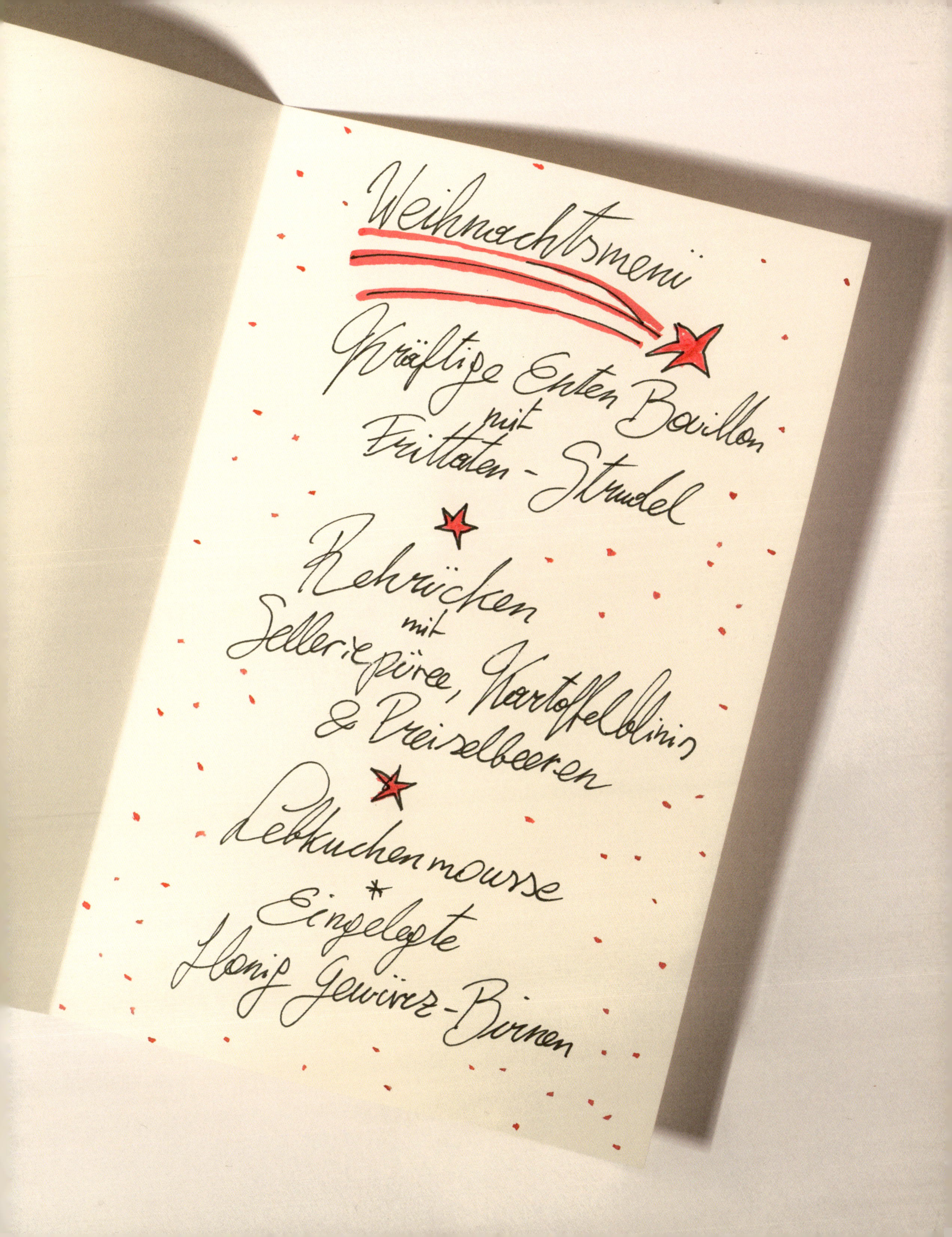
Weihnachtsmenü
Kräftige Enten Bouillon
mit
Frittaten-Strudel
Rehrücken
mit
Selleriepüree, Kartoffelblinis
& Preiselbeeren
Lebkuchenmousse
Eingelegte
Honig Gewürz-Birnen

Kräftige Enten-Bouillon mit Frittaten-Strudel

ca. 1 Stunde / insgesamt ca. 4 Stunden Garzeit

Zutaten für 4 Portionen:

3 Entenkeulen
2 Karotten
2 Staudensellerie
½ Stange Lauch
2 TL schwarze Pfefferkörner, zerdrückt
3 Nelken
2 Lorbeerblätter,
2 Thymianzweige
3 Eiweiß
30 g Ingwer
1 rote Chilischote
1 l kräftiger Entenfond

Für die Frittaten-Strudel:

50 g Mehl
150 ml Milch
2 Eier
½ TL Salz
Butterschmalz zum Ausbacken
ca. 30 g gemischte Kräuter (z. B. Kerbel, Blattpetersilie, Oregano)
200 g Putenfleisch
75 ml eiskalte Sahne
Salz, Pfeffer
dünne Gemüsestreifen, kurz gegart
Kerbel zum Garnieren

1.) Keulenfleisch vom Knochen schneiden, klein würfeln und mit Karotte, Staudensellerie und Lauch durch den Fleischwolf drehen. Dies mit Pfefferkörnern, flüssigem Eiweiß, Kräutern, Nelken, gehacktem Ingwer und Chili mischen. Die Mischung mit eiskaltem, kräftigem Entenfond in einen Topf geben und unter vorsichtigem Rühren langsam aufkochen, dann bei wenig Hitze etwa *1 Stunde* ziehen lassen. Dabei nicht mehr rühren.

2.) Inzwischen für die Strudel Mehl mit Milch, Eiern und Salz in eine Schüssel geben und zu einem glatten Teig verrühren. *Ein Drittel* des Teiges in eine große beschichtete Pfanne mit etwas heißem Butterschmalz gießen, verteilen, Teig anstocken lassen. Palatschinken wenden und weitere *30 Sekunden* backen. Auf die gleiche Weise zwei weitere, große Pfannkuchen backen.

3.) Kräuterblätter abzupfen, Putenfleisch klein würfeln. Beides mit Sahne in einen Mixer geben, fein pürieren, Masse kräftig salzen und pfeffern.

4.) Palatschinken gleichmäßig dünn mit der Fleischmasse bestreichen und aufrollen. Jede Rolle straff in ein geöltes Alufolienstück einpacken und für *ca. 8 Minuten* in siedendes Wasser geben. Bouillon durch ein sauberes Stofftuch in einen anderen Topf gießen, nochmals aufkochen lassen und mit Salz abschmecken.

5.) Frittatenstrudel aus dem Wasser nehmen, auspacken und in etwa *1 cm* dicke Stücke schneiden. Diese zusammen mit Gemüsestreifen in tiefe Suppenschalen oder Teller verteilen, heiße Brühe darübergießen und nach Belieben mit frischem Kerbel garniert servieren.

Rehrücken mit Selleriepüree, Kartoffelblinis und Preiselbeeren

ca. 1 ½ Stunden + ca. 30 Minuten Garzeit

Zutaten für 4–6 Portionen:

Für die Blinis:
250 g mehlig kochende Kartoffeln
2 Eier
10 g Hefe
100 g Mehl
Salz, Pfeffer, Muskat
2 EL Butterschmalz zum Backen
ca. 4 EL Preiselbeermarmelade

Für das Selleriepüree:
400 g Sellerie
250 ml Geflügelbrühe
100 g Butter

Für den Rehrücken:
1 ganzer Rehrücken, ca. 2 kg, ohne Haut und Sehnen
je 3 Rosmarin- und Thymianzweige
4–5 angedrückte Knoblauchzehen
6 dünne Scheiben Räucherspeck
ca. 8 angedrückte Wacholderbeeren
30 g Butterschmalz
75 ml Madeira
150 ml Rotwein
500 ml kräftiger Wildfond
50 g kalte Butter

1.) Für die Blinis Kartoffeln mit Schale weich kochen, schälen und mit einer Gabel fein zerdrücken. Eier trennen. Eigelb mit zerdrückten Kartoffeln verrühren. Hefe mit *50 ml* lauwarmem Wasser glatt rühren und mit dem Mehl unter die Kartoffel-Mischung rühren. Eiweiß mit einer Prise Salz zu steifem Schnee schlagen und behutsam unter den Teig heben. Masse mit Salz, Pfeffer und Muskat würzen und zugedeckt *30 Minuten* gehen lassen.

2.) Inzwischen für das Püree Sellerie schälen und würfeln. Brühe aufkochen, Selleriewürfel hineingeben. Gemüse zugedeckt in ca. *15 Minuten* weich kochen. Danach Flüssigkeit abschütten, Sellerie in einer Küchenmaschine zusammen mit der Butter fein pürieren. Püree mit Salz, Pfeffer und Muskat würzen. Warm halten.

3.) Ofen auf *120 °C* vorheizen. Rehrücken mit Salz und Pfeffer würzen und zusammen mit den Kräutern, Knoblauch, Speck und Wacholder in heißem Butterschmalz in einem großen Bräter auf der Fleischseite *ca. 6 Minuten* anbraten. Dann den Rücken aus dem Bräter nehmen, auf ein Backblech umsetzen, Kräuter, Speck und Knoblauch auf dem Fleisch verteilen, Rücken in den Ofen schieben und darin in *ca. 30 Minuten* fertig garen. Bratansatz mit Madeira und Rotwein ablöschen, mit Wildfond aufgießen und auf *ca. 200 ml* einkochen. Soße mit Butter binden und mit Salz und Pfeffer kräftig abschmecken.

4.) Aus dem Kartoffelteig kleine Blinis in einer beschichteten Pfanne mit heißem Öl bei mittlerer Hitze von beiden Seiten goldbraun ausbacken. Je einen Löffel Preiselbeeren daraufgeben. Rehrücken vom Knochen lösen, in Scheiben schneiden und mit Soße, Selleriepüree und Blinis auf Teller verteilen.

Eingelegte Honig-Gewürz-Birnen

ca. 30 Minuten + insgesamt ca. 6 Stunden Marinierzeit

Zutaten für 4–6 Portionen:

½ l Weißwein
150 g Zucker
3 EL Honig
2 Vanilleschoten, aufgeschlitzt
3 Zimtstangen
4 Sternanis
5–6 Kardamomkapseln
2–3 Nelken
Schale und Saft von 1 Orange
5 Birnen

1.) Weißwein mit Zucker, Honig, den Gewürzen, Orangenschale und -saft aufkochen lassen. Hitze reduzieren.

2.) Birnen schälen, vierteln, Kerngehäuse wegschneiden. Birnen-Viertel in den leicht köchelnden Gewürzsud geben und darin etwa *15–20 Minuten* pochieren.

3.) Topf vom Herd nehmen, Birnen samt Sud und Gewürzen in ein entsprechend großes Glas füllen, abdecken und mindestens *6 Stunden,* besser noch über Nacht, ziehen lassen.

Lebkuchenmousse

ca. 45 Minuten + insgesamt ca. 4 Stunden Kühlzeit

Zutaten für 4 Portionen:

3 Blatt Gelatine
2 Eier
150 ml Milch
1 EL Lebkuchengewürz
75 g Zucker
150 g Sahne
1 Prise Salz

1.) Gelatine *5 Minuten* in kaltem Wasser einweichen. Eier trennen.

2.) Milch, Lebkuchengewürz und Zucker in einem Topf aufkochen. Mischung langsam unter Rühren zu den Eigelben in eine Schüssel gießen und über einem köchelnden Wasserbad so lange weiterrühren, bis eine dickflüssige Creme entsteht. Gelatine ausdrücken und darin auflösen.

3.) Creme vom Wasserbad nehmen und auf Eis kalt schlagen. Eiweiße mit einer Prise Salz steif schlagen. Sahne steif schlagen und unter die erkaltete Creme rühren. Dann den Eischnee behutsam unterheben. Mousse in eine Schüssel füllen und für *ca. 4 Stunden* in den Kühlschrank stellen.

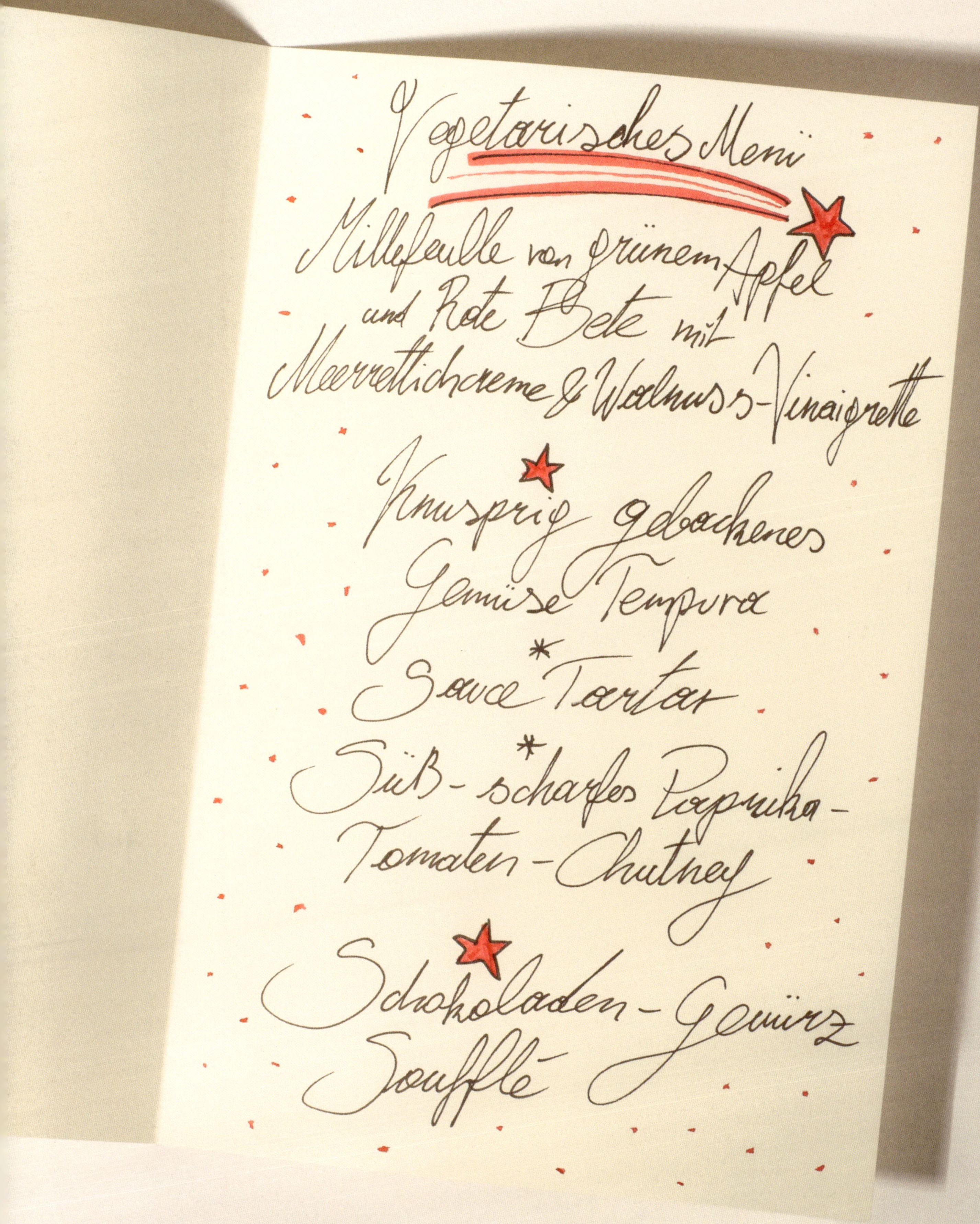
Vegetarisches Menü
Millefeulle von grünem Apfel
und Rote Bete mit
Meerrettichcreme & Walnuss-Vinaigrette
Knusprig gebackenes
Gemüse Tempura
Sauce Tartar
Süß-scharfes Paprika-
Tomaten-Chutney
Schokoladen-Gewürz
Soufflé

Millefeulle von grünem Apfel und Rote Bete mit Meerrettichcreme und Walnuss-Vinaigrette

ca. 45 Minuten

Zutaten für 4 Portionen:

1 große Rote Bete-Knolle
1 TL Kümmel
50 g Walnüsse
1 Schalotte
3 EL Rapsöl
2 EL Walnussöl
2–3 EL Himbeeressig
75 ml Gemüsebrühe
2 TL Quittengelee
Salz, Pfeffer
125 g Frischkäse
75 g Crème fraîche
3–4 TL frisch geriebener Meerrettich
Salz, Pfeffer
2 Granny Smith-Äpfel
Saft von ½ Zitrone
ca. 50 g gemischte Blattsalate (z. B. Feld-, Spinat- oder Rote Bete-Salat)
frische Kresse zum Bestreuen

1.) Rote Bete in kochendem Salzwasser zusammen mit etwas Kümmel in etwa *30 Minuten* weich kochen. Inzwischen Walnüsse hacken und in einer Pfanne rösten. Schalotten schälen, fein würfeln und in Rapsöl anschwitzen. Mit Himbeeressig ablöschen, Brühe, Walnussöl und Quittengelee unterrühren. Dressing mit Salz, Pfeffer abschmecken.

2.) Gegarte Knollen etwas abkühlen lassen, schälen, in Scheiben schneiden und diese nochmals vierteln. Rote-Bete-Stücke mit *2–3 EL* von der Vinaigrette marinieren.

3.) Frischkäse mit Crème fraîche und Meerrettich glatt rühren und mit Salz und Pfeffer abschmecken.

4.) Äpfel waschen, trocken reiben und von beiden Seiten bis auf das Kerngehäuse in dünne Scheiben schneiden. Dies geht am besten mit einem Gemüsehobel oder auf einer Aufschnittmaschine. Apfelscheiben mit Zitronensaft beträufeln. Salatblätter mit einem Teil der Vinaigrette marinieren.

5.) In die Mitte eines Tellers *2–3* Apfelscheiben aufeinanderlegen. Darauf einen Löffel Meerrettich-Creme streichen. Einige Salatblätter sowie Rote Bete-Stücke darauf verteilen. Dies mit weiteren Apfelscheiben, Salat, Meerrettich-Creme und Roter Bete wiederholen und so ein kleines Türmchen bauen. Abschließend mit etwas Kresse und frischem Meerrettich bestreuen. Walnuss-Vinaigrette um und auf das Türmchen träufeln.

Knusprig gebackenes Gemüse-Tempura

ca. 40 Minuten

Zutaten für 4 Portionen:

Ca. 600 g verschiedene Gemüse nach Jahreszeit und Geschmack (z. B. Schwarzwurzeln, Brokkoli oder Blumenkohl, Zucchini, Karotten, Paprikaschoten)
120 g Mehl
1 EL Backpulver
1 Eigelb
Salz
Mehl zum Wenden
ca. 500 ml Erdnussöl zum Frittieren

1.) Mehl, Backpulver und Eigelb zusammen mit einer Prise Salz und *250 ml* eiskaltem Wasser zu einem dickflüssigen Teig verrühren.

2.) Gemüse putzen, wenn nötig schälen und in mundgerechte Stücke oder dicke Scheiben schneiden. Harte Gemüsesorten wie Schwarzwurzeln, Blumenkohl, Karotten oder Brokkoli in kochendem Salzwasser etwa *1 Minute* vorgaren. Anschließend kalt abschrecken und auf Küchenpapier abtropfen lassen.

3.) Gemüse zuerst in Mehl wenden, dann durch den Backteig ziehen und portionsweise in heißem Öl goldbraun und knusprig ausbacken. Gebackenes Gemüse auf Küchenpapier abtropfen lassen, salzen und mit Sauce Tartar und süß-scharfem Paprika-Chutney (siehe folgende Seiten) servieren.

Frohe Weihnachten

Sauce Tartar

ca. 20 Minuten

Zutaten für 4 Portionen:

2 Schalotten
1 hart gekochtes Ei
2 Essiggurken
2 Zweige Blattpetersilie
1 EL Kapern
2 Sardellenfilets
1 Bund Schnittlauch
250 g Mayonnaise
150 g Crème fraîche

1.) Schalotten schälen und sehr fein würfeln. Ei hart kochen, pellen und mit den Gurken in kleine Würfel schneiden. Petersilie abzupfen und zusammen mit Kapern und Sardellen fein hacken. Schnittlauch in feine Ringe schneiden.

2.) Die vorbereiteten Zutaten mit Mayonnaise und Crème fraîche verrühren. Soße mit Salz, Cayennepfeffer und Zitronensaft abschmecken.

Süß-scharfes Paprika-Tomaten-Chutney

ca. 20 Minuten

Zutaten für 4 Portionen:

1 rote Paprikaschote
5 reife Tomaten
2 Knoblauchzehen
1 kleine, rote Chilischote
4 EL Olivenöl
Saft von ca. Zitrone
2 EL Honig
Salz, Pfeffer
4 Basilikumzweige

1.) Paprika halbieren, Strunk entfernen. Tomaten waschen, vierteln und entkernen. Tomaten-Viertel in kleine Würfel schneiden und zusammen mit klein gewürfeltem Paprika und fein gehacktem Knoblauch und Chili in *2 EL* heißem Olivenöl etwa *5 Minuten* lang anschwitzen. Dabei gelegentlich umrühren. Anschließend abkühlen lassen.

2.) Chutney mit einem Spritzer Zitronensaft und Honig, Salz und Pfeffer würzig abschmecken.

3.) Basilikum abbrausen und trocken schütteln. Blätter vom Stiel zupfen, fein hacken und unter das Chutney rühren.

Schokoladen-Gewürz-Soufflé

ca. 25 Minuten + ca. 20 Minuten Backzeit

Zutaten für 4 Portionen:

Flüssige Butter und Zucker für die Förmchen
100 g Zartbitterschokolade
20 ml Milch
2 Tl Lebkuchengewürz
50 g Butter
50 g Mehl
2 EL Schokoladenlikör (ersatzweise Baileys)
4 Eier
1 Prise Salz
75 g Zucker
Kakaopulver zum Bestauben

1.) Vier Soufflé-Förmchen mit flüssiger Butter auspinseln und mit etwas Zucker ausstreuen. Förmchen kühl stellen. Schokolade in kleine Stücke hacken. Ofen auf *200 °C* Ober-/Unterhitze vorheizen.

2.) Milch mit Lebkuchengewürz erhitzen. Butter in einem kleinen Topf zerlassen, Mehl dazugeben und unterrühren. Heiße Lebkuchen-Milch nach und nach zur Mehlschwitze gießen, dabei zügig weiterrühren. Den entstandenen Brei in eine Schüssel umfüllen, Schokolikör und kleine gehackte Schokolade zufügen und alles gründlich verrühren.

3.) Eier trennen. Eigelb zum Schokoladen-Brei geben und glatt rühren (es sollten möglichst keine Klümpchen vorhanden sein!). Eiweiß mit einer Prise Salz steif schlagen. Dabei nach und nach den Zucker einrieseln lassen. Eischnee behutsam in *2–3* Schritten unterheben. Soufflémasse bis kurz unter den Rand in die Förmchen füllen.

4.) Förmchen auf ein Blech in der untersten Einschubleiste des heißen Ofens stellen und *ca. 20 Minuten* backen. Anschließend aus dem Ofen nehmen und mit etwas Kakaopulver bestaubt sofort servieren.

Tafelfreuden

Ich liebe zeitgenössisches Design. Doch zu Weihnachten wird bunt gemischt. Dinge mit Geschichten werden hervorgekramt. Das Silberbesteck der Großmütter, Stoffservietten meiner Mutter, gravierte Gläser von den Großeltern meines Mannes ... Könnten sie reden, sie würden uns abendfüllende Geschichten erzählen.
Diese Abende sind es, die uns als Kind, aber auch als Erwachsener in Erinnerung bleiben. Ganz gleich, wo und mit wem wir sie erlebt haben, das vertraute Gefühl bleibt. Daher bei einer Weihnachtstafel im Kreis der Familie darf geklotzt werden. Hier ein paar Tipps aus meiner Erfahrungskiste:

- Serviettenringe mit Gravur, dazu Stoffservietten – eine hübsche Idee.
- Kleine Geschenke neben dem Teller sind nicht nur nette Aufmerksamkeiten, manchmal kurbeln sie auch die Konversation an.
- Sei gastfreundlich! Denn wer seine Familie und Freunde pflegt, der wird auch von seiner Familie und Freunden gepflegt werden.
- Zaubern Sie zu Weihnachten viel Liebe auf den Tisch, das versüßt die Feier.
- Seien Sie kreativ: Basteln Sie Namensschilder und Menükarten.
- Kerzenlicht neben Kristall ergibt ein wunderbares Licht.
- Mischen Sie Alt und Neu: Bunte Glasunterteller zu altem Porzellan sehen toll aus. Trauen Sie sich, alles zu kombinieren. Vertrauen Sie Ihrem Geschmack.
- Blumen auf der Tafel sind ein Must. Sie machen alles so lebendig.
- Sind Raucher unter Ihren Gästen, stellen Sie Duftkerzen auf.
- Ein Festessen ist ein Erfolg, wenn die Gastgeberin strahlt.

Festtagsbraten

„Eene jut jebratene Jans is ne jute Jabe Jottes", so heißt es in einem alten Berliner Spruch. Die Geburtsstunde der Weihnachtsgans schlug am Heiligabend des Jahres 1588 am Hofe der Königin Elisabeth I. Es gab zufällig Gänsebraten, als ihr die Nachricht von der Zerstörung der spanischen Armada überbracht wurde. Zur Erinnerung daran galt die Gans fortan als Festbraten und ist mittlerweile auch bei uns der beliebteste Weihnachtsvogel.

Das Wichtigste für einen perfekten Braten ist die Qualität der Gans! Deshalb am besten eine Bio-Mastgans verwenden.

Festtags-Gans mit Hefeteig-Füllung

ca. 30 Minuten + 3–4 Stunden Garzeit

Zutaten für 4 Portionen:

100 g flüssige Butter
1 EL Zucker
TL Salz
1 Ei
1 Eigelb
20 g Hefe
75 ml lauwarme Milch
300 g Mehl
50 g Rosinen
150 g gemischtes Dörrobst (Aprikosen, Pflaumen, Äpfel, Feigen etc.)

1 Bio-Gans, ca. 5 kg schwer
Salz, Pfeffer
400 ml kräftige Geflügelbrühe
Salz, Pfeffer
50 g Zuckerrübensirup
100 g Crème fraîche

1.) Butter mit Zucker, Salz, Ei und Eigelb verrühren. Hefe in lauwarmer Milch auflösen und mit Mehl und der Butter-Mischung zu einem glatten, geschmeidigen Teig verkneten. Diesen zugedeckt etwa *30 Minuten* ruhen lassen. Inzwischen Dörrobst klein würfeln.

2.) Ofen auf *180 °C* vorheizen. Dörrobstwürfel mit Rosinen unter den Hefeteig kneten, diesen zu einer länglichen Rolle von etwa *8 cm* Durchmesser formen. Gans innen und außen abbrausen, trocken tupfen. Flügel abtrennen, inneres Fettgewebe entfernen. Gans mit Salz und Pfeffer würzen, dann mit dem Hefeteig füllen. Öffnung mithilfe von Holzspießen und Küchengarn sorgfältig verschließen, sodass später keine Füllung herausquellen kann.

3.) Die gefüllte Gans in einen Bräter mit Brühe legen und für *3–4 Stunden* in den Ofen schieben. Währenddessen die Gans *1 bis 2* mal wenden. Dabei gelegentlich mit der Brühe übergießen.

4.) Gans mit Zuckerrübensirup einstreichen, Backofengrill einschalten. Die Haut unter dem Grill langsam goldbraun und knusprig werden lassen.

5.) Gans aus dem Ofen nehmen und tranchieren. Karkasse aufschneiden, Hefefüllung herausnehmen und in dicke Scheiben schneiden. Den Bratensaft entfetten, etwas einkochen lassen, mit Crème fraîche verfeinern und mit Salz und Pfeffer abschmecken.

Gebackene Rotkrautknödel

ca. 1 Stunde + 3 Stunden Marinierzeit

Zutaten für 4–6 Personen:

500 g Rotkraut (ca. ½ Kopf)
2 Nelken
1 Zimtstange
4 Wacholderbeeren
2 Lorbeerblätter
1 EL Pfefferkörner, geschrotet
2–3 EL Rotweinessig
2 EL Orangen-Marmelade oder Honig
200 ml Rotwein
Salz
2 rote Zwiebeln
20 g Butterschmalz
Mehl zum Wenden
2 Eier, verquirlt
200 g Semmelbrösel

1.) Rotkraut in feine Streifen schneiden, Gewürze in einen Teebeutel geben. Beides mit Essig, Marmelade und Rotwein kräftig durchkneten, mit Salz würzen und *ca. 3 Stunden* zugedeckt (besser über Nacht) marinieren.

2.) Zwiebeln schälen, in feine Streifen schneiden und im Butterschmalz glasig dünsten. Rotkraut samt Marinade und Gewürzen zugeben und bei schwacher Hitze zugedeckt etwa *40 Minuten* schmoren. Anschließend das Rotkraut vollständig erkalten lassen. Danach mit *3–4 EL* Semmelbröseln mischen und *10 Minuten* stehen lassen. Dann mit feuchten Händen *6–8* kleine Knödel aus dem Rotkraut formen und diese auf ein Tablett setzen. Knödel für etwa *1 Stunde* in das Gefrierfach geben.

3.) Angefrorene Rotkrautknödel zuerst in Mehl wenden, dann durch verquirltes Ei ziehen und schließlich in den restlichen Semmelbröseln panieren. Panierte Knödel ein zweites Mal durch das Ei ziehen und nochmals in den Semmelbröseln panieren. Knödel in heißem Öl goldbraun ausbacken, dann auf Küchenpapier abtropfen lassen und im *100 °C* heißen Ofen warmhalten.

Hirschschinken mit Feigen und Orangen-Honig-Dressing

ca. 30 Minuten

Zutaten für 4 Personen:

ca. 80 g winterlicher Blattsalat (z. B. Feld-, Spinat-, Eichblattsalat)
8 große, reife Feigen
2 saftige Orangen
2 EL Honig
2 EL Balsamico Bianco
2 EL Walnussöl
2 EL Rapsöl
Salz, Pfeffer
ca. 250 g Hirschschinken, in möglichst dünne Scheiben geschnitten

1.) Salate putzen, waschen und trocken schleudern. Feigen schälen und in dicke Spalten schneiden.

2.) Orangenschale dünn herunterschälen und in feine Streifen schneiden. Früchte halbieren und auspressen. Orangensaft mit Orangenschalenstreifen um die Hälfte einkochen lassen, dann mit Honig und Essig verquirlen. Nach und nach die beiden Ölsorten unterrühren. Vinaigrette mit Salz und Pfeffer würzig abschmecken.

3.) Blattsalate und Feigen zur Vinaigrette in die Schüssel geben und locker miteinander mischen, dann auf einer großen Platte verteilen. Hirschschinken darauflegen, alles mit der restlichen Vinaigrette beträufelt servieren.

Truthahn-Salat

ca. 30 Minuten

Zutaten für 4 Personen:

6 Eier
200 g Cornichons
ca. 80 g gemischter Salat
12 Kirschtomaten
3 Stangen Frühlingslauch
400 g kalter Braten von der Truthahnbrust
50 g gemischte Kräuter (z. B. Kerbel, Blattpetersilie, Estragon, Kresse)
2 EL Weißweinessig
50 ml heiße Geflügelbrühe
1 EL Quittengelee
1 TL Senf
4–5 EL Rapsöl
Salz, Pfeffer

1.) Eier *ca. 8 Minuten* kochen, anschließend kalt abschrecken, Cornichons schräg halbieren, Salat putzen, waschen und trocken schleudern. Tomaten waschen und halbieren. Frühlingslauch waschen und in schräge, dünne Scheiben schneiden.

2.) Truthahnbrust in dünne Scheiben schneiden. (Dies geht am besten mit einer Aufschnittmaschine).

3.) Für das Dressing Kräuterblätter abzupfen und fein hacken. Essig mit Brühe, Quittengelee und Senf verquirlen, Öl langsam dazugießen und unterquirlen. Kräuter untermischen, Dressing mit Salz und Pfeffer abschmecken.

4.) Eierspalten, Cornichons, Tomatenhälften, Frühlingslauch und Salat mit *zwei Drittel* des Dressings marinieren, Salat auf Teller verteilen. Die Truthahnscheiben locker auf den Salat legen und mit dem restlichen Dressing beträufeln.

Nach Weihnachten stellt sich das große Bewegungsprogramm ein. Die Vanillekipferl machen sich schließlich bemerkbar und auch der Festtagsbraten kann Spuren hinterlassen. Bewegen hilft. Vor allem, wenn man eine Schneeballschlacht anzettelt und dabei ganz vergisst, dass man Kalorien verbrennen wollte. Viel wichtiger ist nämlich, das Gegenüber mit Schneebällen in die Flucht zu schlagen.

Frischluftprogramm

Einmal im Leben ein Engel sein – zu Weihnachten ist das doch eine gute Idee. Da kann man sich frohen Mutes in den Schnee werfen, die Arme ausbreiten und ein paar Mal hinauf und hinunter rudern. Fertig ist der Schnee-Engel. Also: Raus aus dem Haus, austoben, Frischluft schnappen, Schneehänge hinunterjagen, durch den tiefen Schnee stapfen. Ausatmen. Und Kalorien verbrennen. Denn die Weihnachtskekse haben auch heuer wieder gut gemundet. Und beim Herumsitzen und Nichtstun wird man sie leider nicht los. Man kann es natürlich auch mit Lachen probieren:

Mit Lachen gegen den Weihnachtsspeck

Durch die rhythmischen Zuckungen von Brustkorb und Zwerchfell während des Lachens wird der Darm massiert und die Verdauung angeregt. Lachen fördert die Ausscheidung von Cholesterin, setzt Glückshormone frei und stärkt das Nervensystem. Lachen stärkt Herz und Kreislauf: 20 Sekunden Lachen entsprechen dem körperlichen Einsatz von drei Minuten schnellem Rudern. Also: Kein schlechtes Gewissen haben, weil der Bauch spannt. Weihnachtskekse gibt es schließlich nur einmal im Jahr. Sondern sich lieber zerkugeln vor lauter Lachen. Wie viel man tatsächlich dabei abnimmt, sei dahingestellt. Aber es war zumindest lustig.

Dinge, die man im Freien machen kann – mit Bergen von Schnee

SCHNEEMANN BAUEN

Schnee, der schon gut abgelegen ist, eignet sich dafür am besten. Frischer Schnee ist oft zu weich, da kann der sich Schneemann nicht in seiner wahren Größe entfalten. Wem das zuwenig Action ist, der kann eine ganzen Schneemannfamilie bauen. Oder seine Ausdauer beim Bau eines Iglus ausprobieren.

> CA. 370 KCAL IN DER STUNDE

SKIFAHREN, SNOWBOARDEN ODER RODELN

Egal, welches Ihr Lieblingsgefährt in der Winterzeit ist, Hauptsache man ist an der frischen Luft und hat seinen Spaß dabei. Rodeln hat den Vorteil, dass man den Berg auch hinaufgehen darf und sich dann als Belohnung den Gürtel enger schnallen oder noch einmal bei den Weihnachtskeksen kräftig zuschlagen kann.

> CA. 350 BIS 500 KCAL IN DER STUNDE

LANGLAUFEN

Ideal, wenn man eine Loipe vor der Tür hat und gerne ungestört und in aller Ruhe seine Bahnen zieht. Und während man das macht, kurbelt man auch noch die Fatburner an. Herrlich.

> CA. 375 BIS 600 KCAL IN DER STUNDE

EISSTOCKSCHIESSEN

Da purzeln die Kalorien vielleicht nicht ganz so schnell, vor allem weil man einen Glühwein in der Hand hat, um die Treffsicherheit zu erhöhen, aber die Bewegung an der Luft in lustiger Runde ist den Spaß wert.

> CA. 270 KCAL IN DER STUNDE

KUTSCHENFAHRT

Hier schaut's mit dem Kalorienverbrennen schlecht aus, dafür ist so eine Kutschenfahrt gut für die Nerven, bringt ein hohes Maß an Entspannung und hat einen nicht zu vernachlässigenden Kuschelfaktor. Und angeblich macht Frischluft hungrig. Da muss man dann halt danach seinen Appetit zügeln.

> CA. 0 KCAL IN DER STUNDE

SCHNEEBALLSCHLACHT

Das Geheimnis: Es muss nur einer damit beginnen, dann geht die Schlacht mit den weißen Bällen schon los. Endlich kann man sich austoben und aufgestaute Energie an der frischen Luft zurück lassen.

> CA. 200 KCAL IN DER STUNDE

TIERSPUREN IM SCHNEE SUCHEN

Sehr beliebt bei Groß und Klein, vor allem, weil die Zeit vergeht, ohne dass man es bemerkt, und man so in der tief verschneiten Winterlandschaft seiner Wege geht.

> CA. 250 KCAL IN DER STUNDE

EISFISCHEN

Einmal etwas anderes: Ein Loch in den zugefrorenen Teich schneiden und die Angel hinein hängen. Und dann abwarten und Tee trinken, sonst wird einem dabei schnell kalt.

> CA. 0 KCAL IN DER STUNDE

EISLAUFEN UND EISTANZEN

Macht besonders Spaß, wenn man einen zugefrorenen Teich oder See in der Nähe hat, umgeben von Wäldern im dichten Schneekleid.

> CA. 500 KALORIEN IN DER STUNDE

Dinge, die man im Freien machen kann – auch ohne Schnee

- einen kleinen Outdoor-Weihnachtsfilm drehen, darin allen Freunden und Verwandten schöne Weihnachten wünschen und auf youtube stellen.
- Schnitzeljagd (und damit ist die Fuchsjagd gemeint! Und nicht schon wieder ans Essen denken!)
- lange Spaziergänge
- Reisig sammeln
- Tierspuren im Matsch suchen
- Maronen essen und Punsch trinken
- Drachen steigen lassen
- Picknick im Freien oder grillen

Großes Kino

Gerade zu Weihnachten sind sie erlaubt: Filme, die vor Kitsch triefen. Die uns berühren und zum Weinen bringen, zum Träumen und zum Lachen. Und dem anderen (neben uns) vielleicht sogar ein Stück näher. Absurd, romantisch, herzzerreißend kitschig – wie schön. Aber jetzt: Film ab. Wenn es draußen stürmt und schneit.

It's a wonderful life

(IST DAS LEBEN NICHT SCHÖN?)

Ein Film, ohne den zu Weihnachten etwas fehlen würde. Man kann ihn immer wieder und wieder anschauen. Der Film erinnert einen daran, was im Leben wirklich wichtig ist.
„Strange, isn't it? Each man's life touches so many other lives. When he isn't around he leaves an awful hole, doesn't he?“, sagt der alte Engel zu George Bailey, gespielt von James Stewart.

Love actually

(TATSÄCHLICH LIEBE)

Die große Romanze. Jeder ist auf der Suche nach Liebe. Und das gleich in zehn Liebesgeschichten, die auch noch so schön ineinander verstrickt sind. Immer wieder herrlich anzusehen.

The Nightmare before Christmas

Tim Burtons Film ist, wie alle seine Filme, gespickt mit Fantasie und irrwitzigen Figuren. Dieser ist ein bisschen gespenstisch und kurios, aber auf jeden Fall ein Fest für den eigenen Einfallsreichtum.

Fanny & Alexander

Meine Lieblings-Weihnachtsszene ist aus dem Film „Fanny & Alexander“. Ganz zu Beginn feiert die ganze Familie ... das ist einfach bezaubernd.

Elf

(BUDDY – DER WEIHNACHTSELF)

Ein gestandenes Mannsbild glaubt, er sei ein Elf (weil er unter ihnen aufgewachsen ist). Das klingt vielleicht an den Haaren herbeigezogen, aber der Film hat – gerade durch Will Ferrell – viel Charme und Witz.

We're No Angels

(WIR SIND KEINE ENGEL)

Ein Film mit Seele, in dem die Bösen eigentlich die Guten sind, aber selbst erst draufkommen müssen. Mit den grandiosen Stars Peter Ustinov und Humphrey Bogart.

Scrooged

(DIE GEISTER, DIE ICH RIEF)

Es gibt sicher bessere Versionen dieser Geschichte, doch die mit Bill Murray ist es auf jeden Fall schon seinetwegen wert, angesehen zu werden.. Was Charles Dickens wohl dazu gesagt hätte. Ist und bleibt ein Klassiker.

Bad Santa

Hervorragend geeignet als vorweihnachtliche Entspannungstherapie für alle Weihnachtsmisanthropen. Ein Weihnachtsmann, der säuft, flucht, pöbelt und kleine Kinder beleidigt. Da ist nix mit weihnachtlicher Harmonie. Tut auch mal gut.

Home alone

(KEVIN ALLEIN ZU HAUS)

Der Klassiker der 1990er-Weihnachtsfilme. Endlose Gags, Slapstick-Comedy garniert mit amerikanischer Vorstadtidylle und ein wenig Kitsch: Voilà!

Miracle on 34th street Wunder

(DAS WUNDER VON MANHATTAN)

Den ganzen Film hindurch stellt sich nur die eine Frage: Gibt es den Weihnachtsmann? In den 109 Minuten, die der Film dauert, lernt man wieder, an Wunder zu glauben. Eine gute Sache, finde ich.

Stadt, Land, Fluss

Genug Kekse gegessen? Und Schokolademänner? Und Windbäckerei? Genug herumgekugelt und Filme angeschaut und mit Freunden geplaudert? Und vorm Kaminfeuer gesessen? Und immer noch keine Lust, hinaus ins Schneetreiben zu stürmen? – Macht nichts. Wer keine Lust auf Bewegung hat, hält zumindest seine grauen Zellen auf Trab. Und schickt sie auf eine kleine Stadt-Land-Reise in der Wehnachtsversion. Bitte sehr:

kopieren & los spielen ☆ Für die ganze FAMILIE ☆ 6 × 1 MIN.

NAME:

STADT	LAND	(GEWÄSSER) FLUSS	TIER	DUFTKERZEN DUFT	ABSURDESTES WEIHNACHTS-GESCHENK	GEMÜTSZUSTAND	PUNKTE
Wien 10	Westsahara 20	Weichsel 10	/ 0	Wirsing 10	Wurst 5	Wirsch 10	65
						GESAMTPUNKTE	

Johann Lafers Outdoor-Rezepte

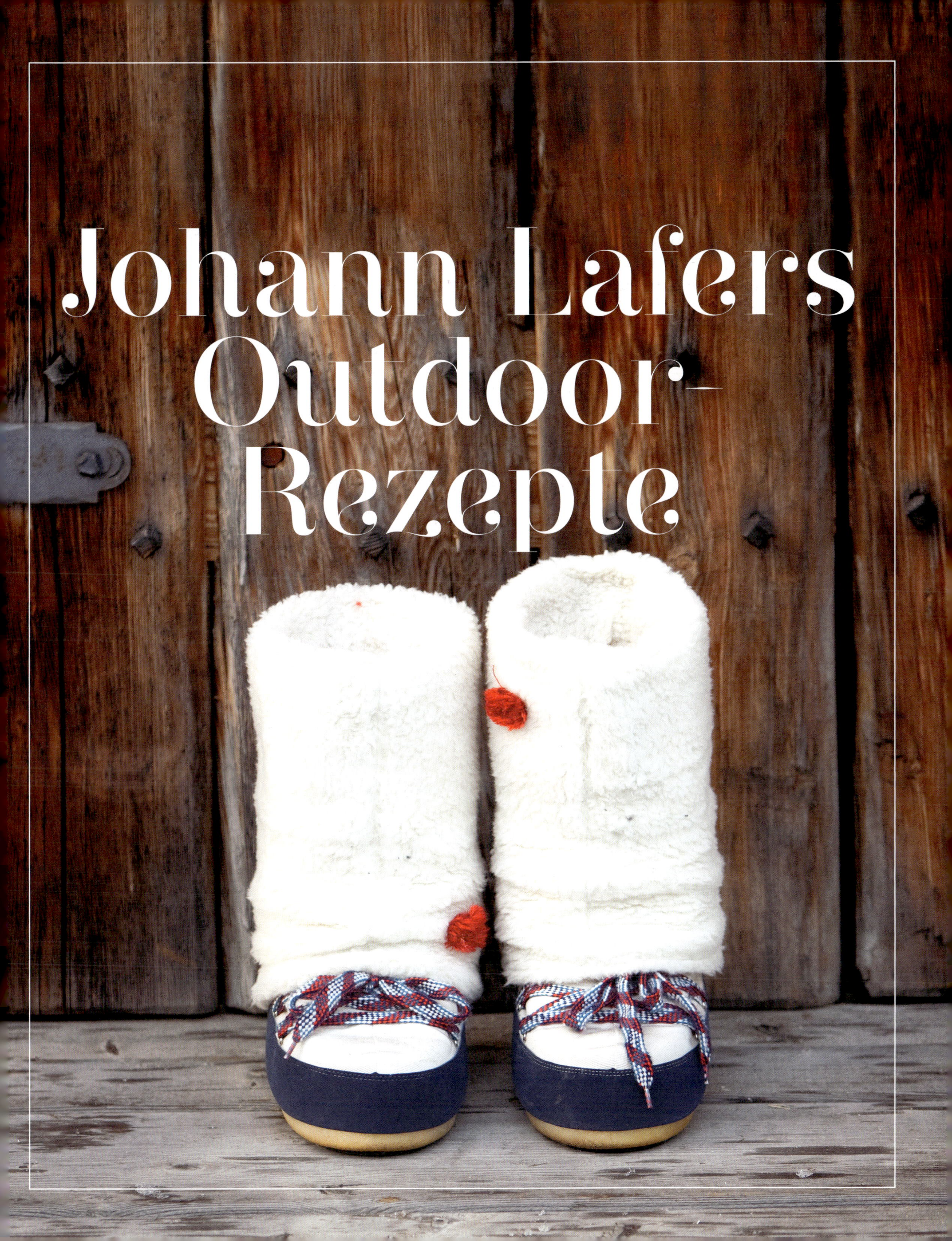

Maronensuppe mit schwarzer Trüffel

ca. 40 Minuten

Zutaten für 4 Personen:

2 Schalotten
50 g Butter
150 g Maronen, geschält und vorgegart
75 ml Portwein, weiß
400 ml Geflügelfond
150 ml Sahne
Salz, Pfeffer
ca. 30 g schwarze Wintertrüffel
3–4 EL halbsteif geschlagene Sahne
3–4 EL Trüffelöl

1.) Schalotten schälen, fein würfeln und in der Hälfte der Butter *(25 g)* anschwitzen, *Zwei Drittel* der Maronen *(100 g)* zugeben und leicht mitrösten. Das Ganze mit Portwein ablöschen, Geflügelfond und Sahne zugeben, Suppe etwa *20 Minuten* zugedeckt bei mittlerer Hitze kochen. Anschließend das Ganze mit einem Mixer fein pürieren und mit Salz und Pfeffer kräftig abschmecken.

2.) Inzwischen Trüffel klein würfeln.

3.) Suppe in heiße Tassen gießen, je einen Klecks halbsteif geschlagene Sahne darauf verteilen. Suppe mit Trüffelöl beträufeln und mit gehackter Trüffel bestreut servieren.

Wild-Essenz mit Wodka-Sahne

ca. 1 ½ Stunden

Zutaten für 4–6 Portionen:

2 Karotten
Stange Lauch
¼ Sellerieknolle
500 g Wildfleisch aus der Keule
3 Eiweiß
2 Knoblauchzehen, angedrückt
5 Wacholderbeeren
3–4 Nelken
5 Pfefferkörner
je 2 Thymian- und Rosmarinzweige
2 Lorbeerblätter
1 l kräftiger Wildfond
175 ml Sahne
3 EL Wodka
1 Bund Schnittlauch
6 Scheiben Graubrot
ca. 50 g Butter
Salz, Pfeffer
Chiliflocken zum Bestreuen

1.) Gemüse schälen und klein würfeln. Wildfleisch durch den Fleischwolf drehen und mit klein gewürfeltem Gemüse, Eiweiß, Kräutern und Gewürzen in einer Schüssel gründlich vermischen. Klärfleisch (= durchwachsenes Fleisch) mit eiskalter Wildbrühe in einen Topf geben und unter vorsichtigem Rühren langsam aufkochen, dann bei milder Hitze etwa *45 Minuten* ziehen lassen. Dabei nicht mehr rühren.

2.) Inzwischen Sahne mit dem Schneebesen zu halbsteifer Konsistenz schlagen. Wodka unterrühren. Schnittlauch in feine Ringe schneiden. Brotscheibe zu Schnitten von etwa *3 cm* Breite und *6 cm* Länge zurechtschneiden, mit Butter dünn einstreichen und mit dieser Seite in den Schnittlauch drücken.

3.) Wild-Essenz durch ein sauberes Stofftuch in einen anderen Topf gießen, um die Hälfte einkochen lassen, dann kräftig mit Salz und Pfeffer abschmecken und in kleinen Tassen verteilen. Je einen großzügigen Klacks halbsteife Wodka-Sahne darauf verteilen und mit Chiliflocken bestreut servieren. Dazu die Schnittlauch-Brotschnitten reichen.

Winterlicher Eintopf

ca. 1 Stunde / insgesamt ca. 4 Stunden Garzeit

Zutaten für 4–6 Portionen:

3–4 Suppenknochen vom Rind
1 kg Tafelspitz
1 große Zwiebel
2 Lorbeerblätter
3–4 Gewürznelken
ca. 10 weiße Pfefferkörner, zerstoßen
3 Liebstöckelzweige
ca. 1 EL Meersalz
800 g gemischtes winterliches Gemüse (z.B. Karotten, Sellerie, Petersilienwurzel, Wirsing, Lauch, Schwarzwurzel, Rosenkohl)
400 g festkochende Kartoffeln
1 Bund Blattpetersilie, frisch gehackt
Salz, Pfeffer

1.) Knochen und Tafelspitz für etwa *1 Minute* in kochendem Wasser blanchieren. Anschließend abgießen und unter kaltem Wasser abspülen. Knochen und Fleisch in einen Topf geben und mit *ca. 3 l* kaltem Wasser auffüllen. Zwiebel mit Schale halbieren, Schnittfläche in einer Pfanne dunkel anrösten. Geröstete Zwiebelhälften, Gewürze und Kräuter in die Brühe geben und zum Köcheln bringen. Den sich bildenden Schaum mit einer Kelle entfernen. Das Ganze *3 Stunden.* leise köcheln lassen.

2.) Inzwischen das Gemüse putzen, wenn nötig schälen und in mundgerechte Stücke oder Scheiben schneiden. Gemüse bis auf Lauch und Wirsing zum Fleisch in den Topf geben und darin *ca. 30 Minuten* mitgaren. Dann den Lauch und Wirsing zufügen und weitere *10–15 Minuten* mitgaren. Abschließend den Eintopf kräftig mit Salz und Pfeffer abschmecken.

3.) Fleisch aus der Brühe nehmen, in mundgerechte Stücke schneiden und mit Gemüse und Brühe in eine große Suppenterrine umfüllen. Mit frisch gehackter Petersilie bestreut servieren.

Marinierter Saibling, am Stock gegrillt

ca. 25 Minuten + ca. 12 Stunden Marinierzeit + ca. 10 Minuten Garzeit

Zutaten für 4 Portionen:

4 Saiblinge, à ca. 400 g
2 Zitronen
4–5 Knoblauchzehen
50 g Ingwer
4–6 Zitronenthymianzweige
1 Bund Blattpetersilie
250 ml Olivenöl
3 EL zerdrückte weiße Pfefferkörner
Salz

1.) Saiblinge gründlich innen und außen waschen und trockentupfen.

2.) Zitronen, Knoblauch und Ingwer in dünne Scheiben schneiden. Thymian und Petersilie grob hacken. Alles zusammen mit Olivenöl und den Gewürzen in eine entsprechend große Schüssel oder Wanne geben, einmal durchmischen, gesäuberte Saiblinge in die Marinade legen und mit Folie abgedeckt kühl stellen. Die Fische sollten mindestens *12 Stunden, maximal 2* Tage marinieren. Dabei gelegentlich wenden.

3.) Fische aus der Marinade nehmen, abtropfen lassen und der Länge nach auf dicke, gut gewässerte Holzspieße stecken.

4.) Fische innen und außen kräftig salzen und über einem heißen Holzkohlefeuer rundum in *ca. 12 Minuten.* langsam garen. Mit frischen Zitronenschnitzen und z. B. Sahne-Meerrettich und gebackenen Kartoffeln servieren.

Fleischlaberln (Frikadellen)

ca. 40 Minuten

Zutaten für 4 Personen:

1 altbackene Brötchen
100 ml Milch
2 Zwiebeln
2 Knoblauchzehen
25 g Butter
2–3 Zweige frischer Majoran
2 Zweige Blattpetersilie
500 g Kalbsfaschiertes (= Hackfleisch), frisch vom Metzger faschiert
1 Ei
1 TL scharfer Senf
Salz, Pfeffer, Paprikapulver edelsüß
30 g Butterschmalz
2 Thymianzweige
2 Rosmarinzweige

1.) Das Brötchen von der Rinde befreien, in kleine Würfel schneiden und mit der lauwarmen Milch übergießen, etwas ziehen lassen. Zwiebeln und Knoblauch schälen, fein würfeln und in zerlassener Butter in einer Pfanne anschwitzen. Leicht abkühlen lassen. Kräuterblätter abzupfen und fein hacken.

2.) Hackfleisch mit eingeweichten Brötchenwürfeln, gedünsteten Zwiebeln, gehackten Kräutern, Ei und Senf gründlich vermengen. Masse mit Salz, Pfeffer und Paprika kräftig würzen. Hackmasse zu gleich großen Frikadellen formen.

3.) Butterschmalz in einer Pfanne erhitzen, Frikadellen von beiden Seiten anbraten, Kräuterzweige zufügen. Hitze reduzieren und die Frikadellen langsam garziehen lassen.

Dazu passt als Beilage gut ein zerstampftes Kartoffel-Petersilien-Gemüse. Dafür *600 g* mehlige Kartoffeln und *400 g* Petersilienwurzel schälen, würfeln und in kochendem Salzwasser zugedeckt weich kochen, anschließend abschütten und mit *100 g* weicher Butter und *150 ml* kochend heißer Sahne fein zerstampfen. *1* Bund frisch gehackte Blattpetersilie untermischen, mit Salz und Muskat abschmecken und warm halten.

Apple-Crumble

ca. 40 Minuten + ca. 30 Minuten Backzeit

Zutaten für 4-6 Portionen

300 g Mehl
150 g Zucker
150 g kalte Butter
1 Eigelb
1 TL Zimt

5 große Äpfel
75 g Butter
Mark von 2 Vanilleschoten
100 g brauner Zucker
ca. 3 EL Calvados
Puderzucker zum Bestauben

1.) Für die Streusel Mehl mit Zucker, klein gewürfelter Butter, Eigelb und Zimt zu Streuseln verkneten und diese für *30 Minuten* in den Kühlschrank stellen.

2.) Inzwischen Äpfel schälen, Kerngehäuse ausstechen, Äpfel würfeln.

3.) Butter in einer großen Pfanne zerlassen, Apfelwürfel und Vanillemark zufügen und unter gelegentlichem Umrühren *ca. 4–5 Minuten.* dünsten. Dann mit Zucker bestreuen und diesen leicht karamellisieren lassen. Das Ganze mit Calvados ablöschen, Mischung in einer Auflaufform verteilen.

4.) Ofen auf *200 °C* vorheizen. Streusel großzügig über die Äpfel verteilen. Crumble im heißen Ofen in *ca. 30 Minuten* goldbraun backen. Dann mit Puderzucker bestaubt, am besten frisch servieren.

QUALITY

Dreierlei Schokocreme im Glas

Zubereitungszeit: ca. 1 ½ Stunden + insgesamt ca. 1 ½ Stunden Kühlzeit

Zutaten für 4–6 Portionen (je nach Größe der Gläser):

Für die dunkle Creme:
100 g Zartbitter-Schokolade (70 %)
150 g Sahne
1 Ei

Für die Vollmilch-Creme:
1 Blatt Gelatine
100 g Vollmilchschokolade
150 g Sahne
1 Ei

Für die weiße Creme:
2 Blatt Gelatine
150 g weiße Schokolade
150 g Sahne
2 Eigelb

1.) Für die dunkle Creme Zartbitterschokolade klein hacken und in einer Schüssel über einem heißen Wasserbad schmelzen. Sahne steif schlagen. Das Ei mit *2 EL* Wasser in einer Schüssel über einem heißen Wasserbad schaumig aufschlagen. Schüssel vom Wasserbad nehmen, flüssige Schokolade zufügen und unterrühren, geschlagene Sahne unterheben.

2.) Gläser auf einem Eierkarton so hinstellen, dass sie schräg stehen. Dunkle Schokocreme in die Gläser gießen und das Ganze für *20 Minuten* ins Gefrierfach stellen.

3.) Inzwischen die Vollmilch-Creme zubereiten. Dafür Gelatine *3 Minuten* in kaltem Wasser einweichen. Schokolade klein hacken und in einer Schüssel über einem heißen Wasserbad schmelzen. Sahne steif schlagen. Das Ei mit *2 EL* Wasser in einer Schüssel über einem heißen Wasserbad schaumig aufschlagen. Gelatine ausdrücken und im warmen Ei-Schaum auflösen. Schüssel vom Wasserbad nehmen, flüssige Schokolade zufügen und unterrühren. Geschlagene Sahne unterheben. Gläser aus dem Gefrierfach nehmen, entgegengesetzt schräg stellen, Vollmilch-Creme hineinfüllen und für weitere *20 Minuten* ins Gefrierfach geben.

4.) Währenddessen die weiße Creme zubereiten. Dafür Gelatine *3 Minuten* in kaltem Wasser einweichen. Schokolade klein hacken und in einer Schüssel über einem heißen Wasserbad schmelzen. Sahne steif schlagen. Die Eigelbe mit *2 EL* Wasser in einer Schüssel über einem heißen Wasserbad schaumig aufschlagen. Gelatine ausdrücken und im warmen Ei-Schaum auflösen. Schüssel vom Wasserbad nehmen, flüssige Schokolade unterrühren, geschlagene Sahne unterheben. Gläser aus dem Gefrierfach nehmen, gerade hinstellen, weiße Schokocreme bis zum Rand hineinfüllen und für *45 Minuten* in den Kühlschrank stellen.

Dazu passen sehr gut marinierte Rum-Früchte. Dafür *2* Orangen filetieren, *2* Pflaumen und eine reife Birne in Spalten schneiden, *150 g* Beeren waschen. Alles zusammen in eine Schüssel geben. *200 ml* Orangensaft mit *1 EL* Honig und Vanillemark bei mittlerer Hitze etwa auf ein Drittel einkochen lassen. Sud mit ca. *50 ml* Rum verfeinern, über die Früchte in der Schüssel gießen und diese darin marinieren.

Rezeptregister

v.l.n.r.: Lydia Fuis, fotografische Mitarbeit, Harald Eisenberger, Fotograf,
Desirèe Treichl-Stürgkh, Andreas Neubauer, Koch und Foodstylist,
Gabi Weiss, redaktionelle Mitarbeit, Fotostyling, Annemarie Öhm, gute Seele

Danke

Ich danke den Freunden und Nachbarn in Grießen und Leogang, die mich so herzlich „aufgenommen" haben. Ich kann mir Weihnachten wo anders gar nicht mehr vorstellen.
Ich danke Mitra Farahmand von Herzen für das fantastische Layout.
Desirée Treichl- Stürgkh

Danke für die großzügige Unterstützung durch Ihre Produkte, die beim Fotostyling für die Rezeptaufnahmen zur Verwendung kamen. So ist es uns gelungen, eine weihnachtlich-festliche Stimmung einzufangen.
Vielen Dank!

J.& L. Lobmeyr GmbH
A-1010 Wien, Kärtnerstraße 26
www.lobmeyr.at

Leitner Leinen
erhältlich bei Gramath & Windsor
Edle WohnKultur
A-1010 Wien, Wollzeile 1

Johanna Orsini-Rosenberg
Farrow & Ball
c/o Les Tissus Colbert
A-1010 Wien, Vorlaufstraße 4
www.mandlberg.at

Original Wiener Schneekugeln
Erwin Perzy
A-1170 Wien, Schumanngasse 87
www.schneekugel.at

Viktor Steinwender GmbH
International Interior Design
A-1010 Wien, Tuchlauben 20 /
Wildpretmarkt 9
www.viktorsteinwender.at

Villeroy & Boch
The House of Villeroy & Boch
A-1010 Wien, Bauernmarkt/
Brandstätte 4
www.villeroy-boch.com

WMF
Bestecke – Geschenke – Kochgeschirr
A-1010 Wien, Stock im Eisenplatz 3,
Graben
www.wmf.at

für die besondere Unterstützung
beim Shooting für das Foto auf
Seite 109

Amicis Vienna
A-1010 Wien, Seilerstätte 11
www.amicis.at

Rudolf Leiner Ges.m.b.H.
A-3101 St. Pölten, Porschestraße 7
www.leiner.at

Peek & Cloppenburg
A-1010 Wien, Kärntner Str. 29
www.peek-cloppenburg.at

Bildnachweis

Manufactum GmbH & Co. KG,
www.manufactum.at
Seite 105: Lauschaer Miniaturformen
Tradition, Lauschaer Eisglaskugeln,
Lauschaer Eisglasamsel

Gartenbau Lederleitner,
Markus Lederleitner GesmbH,
www.lederleitner.at
Seite 105: Schlittschuhe,
Stern mit Glasperlen
Seite 106: Christbaumschmuck
Libellenmotiv und Vogelmotiv,
Quaste mit Holzornament,
Keramikwalnuss
Seite 107: Christbaumschmuck
Weihnachtsmann, Goldfisch,
Seepferd, Fisch

LOVI bei Ebernickel + Holz Design
Import unter
www.ehdesign.de
Seite 105: Holzengel
Seite 106: Holzrentier

Reiko Kaneko
www.reikokaneko.co.uk
Seite 106: Rusty Reindeer
Seite 108: Weihnachtskugeln
Hurry Down the Chimney Tonight,
Fay Ray, Kasper the Cat, Silverface
the Cat Christmas, Spot the Dog Christmas,
Sugar and Spice and All things Nice

Manfred Kostal
www.pixelstorm.at

Seite 107: Private Weihnachtsdekoration

Seite 136: IMAGNO/Austrian Archives

Impressum:

Bibliografische Information der Deutschen Nationalbibliothek
Die Deutsche Nationalbibliothek verzeichnet diese Publikation in der Deutschen Nationalbibliografie; detaillierte bibliografische Daten sind im Internet über http://dnb.d-nb.de abrufbar.

1. Auflage
Text: Desirée Treichl-Stürgkh
Redaktionelle Mitarbeit & Fotostyling Rezepte: Gabi Weiss
Fotografie: Harald Eisenberger, eisenberger.co.at
Fotografische Mitarbeit: Lydia Fuis
Rezepte: Johann Lafer
Koch & Foodstylist: Andreas Neubauer
Grafik & Illustration: Mitra Farahmand
Lektorat: Sonja Franzke, vielseitig.co.at
Lithografie: Pixelstorm Kostal & Schindler OEG, Wien

Gedruckt in der EU.

ISBN 978-3-85033-598-0

Christian Brandstätter Verlag
GmbH & Co KG
A-1080 Wien, Wickenburggasse 26
Telefon (+43-1) 512 15 43-0
Telefax (+43-1) 512 15 43-231
E-Mail: info@cbv.at
www.cbv.at

SCHWEDISCH
God Jul!
NORWEGISCH
God Jul!
ENGLISCH
Merry Christmas!
DÄNISCH
Glaedelig Jul!
KROATISCH
Sretan Božic!
GRIECHISCHH
Kala Christougenna!
HOLLÄNDISCH
Vrolijk Kerstfeest!
POLNISCH
Wesolych Świąt!
RUSSISCH
Pozdrevlyayu s prazdnikom Rozhdestva!!